# TRAUM

## GRUNDRISS

## VERTIEFUNGEN

## ANHANG

# DIE ERFORSCHUNG UND DEUTUNG DER TRÄUME IN HISTORISCHER SICHT

Träume haben die Menschen seit jeher fasziniert, weil sie uns Nacht für Nacht in eine Welt versetzen, die wir als wirklich erleben und die wir erst nach dem Aufwachen als Phantasie erkennen. Träume sind überaus facettenreich, sie können vertraut oder fremdartig, emotional oder neutral, bunt oder grau, undeutlich oder klar, bruchstückhaft oder kohärent, bizarr oder alltäglich sein. Träume können wir nicht bewusst erfinden und deshalb überraschen sie uns, weil sie immer wieder neue, einmalige Erlebnisse schaffen, die auf unserem Wissen und den Erfahrungen mit den Menschen und der Umwelt beruhen.

## Traumdefinitionen

Allgemein werden Träume als das Erleben während des Schlafs bezeichnet und damit abgegrenzt gegenüber Tagträumen, die wir im Wachzustand bewusster gestalten und erleben (**Träume und Wachphantasien**). Inhaltlich ist jedoch die Vielfalt der Traumwelten nicht so einfach zu definieren. S. 112

Der amerikanische Traumforscher Calvin Hall, der Hunderte von Träumen aus dem Alltag sammelte und klassifizierte, hat versucht, ihre gemeinsamen Merkmale zu beschreiben: Er vergleicht Träume mit einem Film oder einem Drama. Sie bestehen vorwiegend aus einer Folge von Bildern, enthalten meist eine oder mehrere Szenen und an den Handlungen und Interaktionen sind neben dem Träumer, der sowohl Beteiligter als auch Beobachter sein kann, meist noch mehrere Personen beteiligt.

Diese Definition bestimmt typische Merkmale des Träumens, doch sie umfasst nicht das gesamte Spektrum, weil es auch Träume gibt, die unbelebt oder nur gedankenartig sind.

## Vorläufer der modernen Traumforschung

Historisch lässt sich der Weg der Traumforschung von der Einzelbeobachtung über die breitere empirische Erhebung bis zum psychophysiologischen Experiment verfolgen.

In der zweiten Hälfte des 19. Jahrhunderts setzte die systematische Introspektion der Träume ein. Der französische Gelehrte Alfred Maury beobachtete seine eigenen Träume und versuchte auch schon herauszufinden, ob sie durch Reize ausgelöst und beeinflusst werden, indem er sich beispielsweise während des Schlafs von einem Mitarbeiter mit einer Feder kitzeln oder mit Parfüm besprühen ließ.

Sein Landsmann Marquis Léon d'Hervey de Saint-Denys sammelte fünf Jahre lang seine Träume und illustrierte sie mit Zeichnungen. Er war besonders daran interessiert herauszufinden, ob er während des Träumens das Geschehen kontrollieren und Problemlösungen finden konnte – eine Fragestellung, die in heutiger Zeit unter dem Stichwort der **luziden Träume** wieder aufgegriffen wurde.

S. 99

Die amerikanische Psychologin Mary Whiton Calkins war die erste Traumforscherin, die Träume statistisch auswertete. 1893 veröffentlichte sie eine Bestandsaufnahme von 375 Träumen, die von ihr und ihrem Partner stammten. Sie kodierte die Personen, Szenerien und Gefühle, schlüsselte die Sinneswahrnehmungen auf und stufte den Bezug des Traums zur Lebenssituation ein. Aufgrund ihres Materials machte sie zahlreiche Beobachtungen, die viele Ergebnisse von heute vorwegnahmen, beispielsweise, dass sich Träume nicht nur am Morgen einstellen, dass Gefühle nur einen Teil der Träume begleiten und dass es sich bei der Mehrzahl der Erlebnisse um ein eher alltägliches Geschehen handelt.

Den besten Überblick über die Traumforschung für die Zeit bis 1900 findet man im ersten Kapitel von Freuds Traumdeutung, in dem er den »gegenwärtigen Stand der Traumprobleme in der Wissenschaft« dargestellt hat.

In der ersten Hälfte des 20. Jahrhunderts erforschten experimentelle Psychologen intensiv das Denken und Erleben im Wachzustand, doch sie führten in dieser Zeit nur wenige Traumuntersuchungen durch. Diese stützten sich aber auf ein umfangreiches Traummaterial und vermittelten ein differenziertes Bild einzelner Traumphänomene. Ein Beispiel sind die deutschen Psychologen Friedrich Hacker und Paul Köhler, die mit großer Akribie die Vorstellungs- und Gedankentätigkeit in Hunderten von Träumen analysierten, die sie in ihren Tagebüchern aufgeschrieben hatten.

In diesen Arbeiten finden wir scharfsinnige Fragestellungen und sorgfältige Selbstbeobachtungen, doch war ihnen die Einschränkung gemeinsam, dass sie sich auf spontan erinnerte Träume bezogen. Es musste offen bleiben, ob sie überhaupt während des Schlafzustands erlebt wurden und ob sie für das Träumen repräsentativ sind. In dieser Zeit konnte man noch nicht die Fragen beantworten, ob alle Menschen träumen, wann Träume auftreten und wie lange sie dauern, weil kein Kriterium bekannt war, das unabhängig von der Selbstbeobachtung das Erleben im Schlaf anzeigte.

## Eine neue Methode

Erst die Entdeckung des REM-Schlafs in den 1950er Jahren brachte die Traumforschung einen entscheidenden Schritt weiter. An der Universität Chicago beobachtete Eugene Aserinsky, ein Doktorand des Schlafforschers Nathaniel Kleitman, eher zufällig, dass phasenweise während des Schlafs schnelle, ruckartige Augenbewegungen einsetzen, die den Blickrichtungen im Wachen auffallend ähneln. Es kam ihm der Gedanke, die Schläfer aufzuwecken, wenn sie ihre Augen bewegten, und er stellte fest, dass sie sich an lebhafte Träume erinnern konnten. Damit war ein erstes Körpersignal entdeckt, das Träume anzuzeigen schien.

Rückblickend ist interessant, dass schon 1892 George Trumbull Ladd, Professor der Philosophie an der Yale University, die Vermutung geäußert hatte, der Mensch bewege während lebhafter Träume seine Augen so hin und her, wie er es bei der Wahrnehmung seiner Umwelt im Wachzustand tun würde. Doch damals haben die Traumforscher diesen wegweisenden Gedanken nicht aufgegriffen.

Die erneute Entdeckung der schnellen Augenbewegungen während des Schlafs führte zu einem Aufschwung der Traumforschung, weil zu dieser Zeit schon ein umfangreiches Wissen über die Physiologie des Schlafzustands vorlag, das man mit den neuen Erkenntnissen in Verbindung bringen konnte.

Die Schlafforschung hatte schon drei Jahrzehnte früher einen erheblichen Fortschritt gemacht, nachdem es dem Jenaer Psychiater Hans Berger 1924 gelungen war, die elektrische Aktivität des menschlichen Gehirns mit dem Elektroenzephalogramm (EEG) aufzuzeichnen und sich in nachfolgenden Arbeiten gezeigt hatte, dass der Schlaf kein einheitlicher Zustand ist, sondern in mehreren unterscheidbaren Stadien verläuft, die zyklisch abwechseln.

Mit der physiologischen Messung des Schlafs kann man heute feststellen, ob ein Traum im Anschluss an den Schlaf berichtet wird, und darüber hinaus kann man die Verbindung von verschiedenen Körpersignalen mit Erlebnisaspekten des Traums untersuchen (**Psychophysiologie des Träumens**).

S.88

Traumforscher beschäftigen sich mit den Grundlagen des Träumens, sie interessieren sich für Inhalt und Struktur der psychischen Vorgänge, die in einem Zustand entstehen, in dem der Einfluss der Außenwelt und die rationale Kontrolle weitgehend ausgeschaltet sind.

# Traumdeutung

Während die psychophysiologische Traumforschung noch recht jung ist, haben Theorien zum Traum und die Praxis der Traumdeutung eine lange Tradition. Die Fragen nach der Entstehung und Bedeutung der Träume wurden über die Jahrhunderte hinweg in Verbindung mit den philosophischen und psychologischen Vorstellungen über den Menschen und seine Welt verfolgt.

Über die Herkunft des Traums gab es schon immer widersprüchliche Auffassungen. In der Antike war die Vorstellung weit verbreitet, dass Götter und Dämonen die Träume schicken, doch hielt Aristoteles dieser Aussage entgegen, sie könnten ebenso gut aus »Bewegungen der Sinnesorgane« entstehen. Auch in unserer Zeit bestehen noch solche Gegensätze. Psychologen sehen in Träumen den Ausdruck der psychischen Lebenssituation, während der Neurophysiologe Allan Hobson sie auf zufällige Aktivierungen bestimmter Nervenzellen im Hirnstamm zurückführt. Eine Parallele finden wir auch in unserer Alltagssprache, wenn gesagt wird, »Träume sind die Sprache der Seele« oder »Träume kommen aus dem Magen« (**Funktionen des Träumens**). S.116

In früheren Jahrhunderten wurden Träume vor allem als Prophezeiungen angesehen (**Wahrträume**). Bekannt sind die Traumdeutungen des Artemidor von Daldis, der im 2. Jahrhundert nach Christus lebte. Er machte aufgrund von Traumsymbolen spezifische Vorhersagen, wie ein typisches Beispiel veranschaulicht: S.101

»Gut ist es zu träumen, dass man das gewohnte Brot isst, und zwar sind für einen Armen schwarze, für einen Reichen aber weiße Brote angemessen. Das umgekehrte Verhältnis bedeutet nicht nur nichts Gutes, sondern sogar Schlechtes; denn weißes Brot kündigt Armen Krankheit, schwarzes den Reichen Mangel an. Hingegen bringt Gerstenbrot allen Glück, denn die Legende berichtet, es

Abbildung 1: Jakobs Traum (1. Mose, 28) in einer mittelalterlichen Darstellung. Die Leiter, auf der sich Engel bewegen, verbindet Erde und Himmel. Oben sieht man Gott, der Jakob Land schenkt und ihm Schutz und Segen für seine Nachkommen verkündet.

wäre dies die erste Nahrung, welche die Menschen von den Göttern erhalten haben.« (1965, S. 99)

Rezeptbücher für Traumdeutungen werden auch heute immer wieder veröffentlicht, aber ihr Wert ist sehr zweifelhaft, weil sie von feststehenden Symboldeutungen ausgehen, die nicht den individuellen Bedeutungsgehalt und den Traum als Ganzes berücksichtigen.

Die psychologische Bedeutung des Traums trat erst in den Vordergrund, nachdem Sigmund Freud 1900 seine *Traumdeutung* publizierte. Freud sieht Träume als ein sinnvolles psychisches Phänomen an. Es liegt ihnen ein unbewusster Wunsch zugrunde, der allerdings erst über Assoziationen aufgedeckt werden kann, weil die Traumzensur den wahren Sinn mit Verdichtungen und Verschiebungen verschlüsselt, damit der Schläfer ungestört schlafen kann.

In nachfolgenden Traumtheorien wurde der psychologische Gehalt des Traums beibehalten, aber anders gedeutet. Carl Gustav Jung sah in Träumen eine Spiegelung des individuellen Reifungsprozesses, der in archetypischen Symbolen zum Ausdruck kommt. Medard Boss verstand Träume als gleichnishafte Darstellungen der existenziellen Lebenssituation, Thomas French schrieb ihnen die Funktion zu, aktuelle Konflikte zu verarbeiten, und Calvin Hall leitete aus ihnen ab, wie Träumer sich selbst und ihre Welt sehen.

Der Psychologe Robert Bossard hat vorgeschlagen, jeden Traum in mehreren Stufen zu deuten. Zunächst wird festgehalten, ob der Traum auf äußere oder innere Reize zurückgeht. Anschließend werden die Tagesreste bestimmt, die in den Traum eingegangen sind. Dann folgt mit Hilfe der Assoziationen zu den einzelnen Traumelementen eine Deutung, die unbewusste Motive aufdeckt. In der vierten Stufe wird der Traum als gleichnisartige Darstellung der Lebenssituation und als Entwurf der zukünftigen Entwicklung der Persönlichkeit interpretiert, und in der letzten Stufe sind in einigen Träumen auch überindividuelle Situationen dargestellt, die sich auf allgemein menschliche Themen beziehen.

Traumdeutungen sind ein wichtiges Hilfsmittel in tiefenpsychologisch orientierten Therapien. Hier ist nicht entscheidend, ob eine Deutung richtig oder falsch ist, sondern ob sie dazu beitragen kann, Konflikte zu verarbeiten und die Selbsterkenntnis zu fördern.

# DIE METHODEN DER TRAUMERHEBUNG

## Befragungen und Traumtagebücher

In vielen Untersuchungen haben Psychologen Menschen gefragt, wie ihre Träume im Alltag beschaffen sind, beispielsweise ob sie angenehm oder unangenehm, alltäglich oder phantastisch sind. Antworten auf diese Fragen sind nur verallgemeinernde Aussagen über das Träumen, sie können aber dazu beitragen, für bestimmte Personengruppen verschiedene Traumstile zu beschreiben.

Seit einiger Zeit wendet der amerikanische Traumforscher Bill Domhoff eine spezifischere Methode an, um Träume vieler Menschen zu sammeln. Er fordert sie auf, den Traum zu notieren, an den sie sich zuletzt erinnerten. Auswertungen dieser *jüngsten* Träume in verschiedenen Altersgruppen zeigten, dass sie weitgehend den Normwerten entsprechen, die aufgrund von umfangreicheren Inhaltsanalysen für spontane Träume erstellt wurden.

In Traumtagebüchern werden im Alltag erinnerte Träume über einen längeren Zeitraum festgehalten. Für viele Menschen sind solche Aufzeichnungen wertvoll, weil sie Einblick in die Kreativität ihres Unbewussten und die Verarbeitung ihrer Lebenssituation geben.

Um möglichst detaillierte und konkrete Berichte zu erhalten, wird in der Forschung für die Sammlung spontaner Träume immer eine Anleitung mitgegeben, wie beispielsweise die von Calvin Hall und Robert Van de Castle (s. Abb. 2).

Instruktionen zur Traumerhebung sind deshalb wichtig, weil man bei der Auswertung der Inhalte auf genaue Angaben angewiesen ist. Spontane Traumberichte enthalten häufig keine ausführlichen Bildbeschreibungen, sondern sind mehr handlungsorientiert. Beispielsweise kann eine Aussage: »Ich ging durch einen Park« ein Kürzel sein für: »Es war der Weg mit den Pappeln und dem Ententeich in meiner Heimatstadt, er sah aber anders aus und war sehr viel größer als in Wirklichkeit, und auf den Wiesen sah ich unbekannte spielende Jungen und Mädchen.«

Traumtagebücher werden in der Traumforschung deshalb eingesetzt, weil viele Probanden in vertrauter Umgebung ohne großen Aufwand über längere Zeit hinweg Träume aufzeichnen können. Allerdings stellen diese Träume nur eine bestimmte Auswahl dar, es

| | |
|---|---|
| Name oder Codenummer | |
| Alter | |
| Geschlecht | |
| Zeitpunkt des Traums | |
| Datum des Berichts | |

**1.** Beschreibe bitte den Traum genau und so vollständig, wie du ihn erinnerst.

**2.** Dein Bericht sollte, wenn möglich, eine Beschreibung der Umgebung des Traums enthalten, ob sie dir vertraut war oder nicht.

**3.** Schildere die Menschen, ihr Geschlecht, ihr Alter und die Beziehung, die du zu ihnen hast, und auch Tiere, die im Traum auftreten.

**4.** Wenn es möglich ist, beschreibe die Gefühle, die du während des Traums hattest und ob sie angenehm oder unangenehm waren.

**5.** Versuche genau festzuhalten, was du und die anderen Charaktere im Traum erlebt haben.

Abbildung 2: Eine Anleitung zum Aufzeichnen von Träumen.

sind meistens die Träume gegen Morgen hin, die spontan erinnert werden und oft nur dann, wenn sie besonders eindrucksvoll waren. Auch ist mit dieser Methode nicht sichergestellt, ob ein Traum gleich nach dem Aufwachen festgehalten wurde. Wird er erst später notiert, kann die Aufzeichnung weniger detailliert und wirklichkeitsgetreu sein, weil die Erinnerung an den Traum sich schnell verflüchtigt und zudem mit Wachgedanken vermischt.

Der amerikanische Psychologe LaBerge (1991) verwendet die Methode der »Dream lights«, die sich schon den Laborversuchen annähert. Hier tragen Schläfer zu Hause eine Maske, die über einen Infrarotsensor die Augenbewegungen aufnimmt und summiert. Bei einem gewissen Schwellenwert wird ein rotes Blitzen ausgelöst, auf das nach kurzem Zeitabstand ein Wecksignal folgt. Nach dem Aufwachen sprechen die Probanden den erinnerten Traum auf Band. Der Vorteil dieser Methode ist, dass die Traumaufnahme in der häuslichen Umgebung stattfindet, doch besteht ein Nachteil in der unzuverlässigen Kontrolle des Bewusstseinszustands.

## Weckungen im Schlaflabor

In einer Nacht im Schlaflabor werden fortlaufend die Hirnströme (EEG), die Augenbewegungen (EOG) und die Muskelspannung am Kinn (EMG) aufgezeichnet, um die Schlafstadien zu bestimmen, die Grundlage für die Weckzeitpunkte sind.

Die EEG-Stadien 1 bis 4 zeigen in ihrem Wellenmuster eine fortschreitende Schlafvertiefung an, wobei man an der Frequenz der Ausschläge den Spannungswechsel über die Zeit und an der Höhe der Ausschläge die Stärke der elektrischen Spannung erkennt. Für die Bestimmung des fünften Schlafstadiums werden neben dem EEG die Augenbewegungen und der Muskeltonus einbezogen. In diesem Stadium ähnelt das EEG mit einem flachen Grundmuster dem Stadium 1, aber es treten Salven ruckartiger schneller Augenbewegungen auf, und die Muskelspannung am Kinn sinkt völlig ab. Da die schnellen Augenbewegungen zur Entdeckung dieses Schlafstadiums geführt haben, wurde es REM-Schlaf genannt, als Abkürzung für »Rapid Eye Movements«. In diesem Stadium kann sich auch der Puls beschleunigen und die Atemfrequenz erhöhen, deshalb wird es auch als aktiver Schlaf bezeichnet in Abgrenzung gegenüber den anderen Schlafstadien, die in ihrem Verlauf gleichförmiger sind und unter dem Begriff Non-REM-Schlaf zusammengefasst werden.

Ein Traumversuch im Schlaflabor, bei dem es darum geht, möglichst viele Träume zu erheben, hat meist folgenden Ablauf: Gewöhnlich werden gute Schläfer ausgewählt, die im Alltag Zugang zu ihren Träumen haben. Die Probanden kommen zu einer Vorbesprechung, um die Räumlichkeiten, die Messverfahren, den Versuchsablauf und das Vorgehen bei einer Weckung kennen zu lernen. Im Gespräch fängt der Versuchsleiter auch Ängste auf, da es immer wieder Probanden gibt, die befürchten, sie würden elektrischen Spannungen ausgesetzt oder sie müssten nachts bewegungslos liegen bleiben, um die Messung zu ermöglichen.

In den Versuchsnächten kommen die Probanden gewöhnlich eine Stunde vor ihrer üblichen Zeit des Zubettgehens ins Labor. Sie werden für die Ableitung der physiologischen Maße vorbereitet. Der Versuchsleiter klebt Elektroden auf mehrere Stellen der Kopfhaut für die Aufzeichnung der Hirnströme, in die Augenwinkel für das EOG, unterhalb des Kinns für das EMG und bündelt die Kabel anschließend zu einem Zopf, der an das Kabel des Aufnahmegeräts angeschlossen wird.

In einem abgeschirmten Nebenraum werden die physiologischen Maße registriert, die der Versuchsleiter beobachtet, um die Weckzeitpunkte zu bestimmen. Weckungen können natürlich in allen Schlafstadien vorgenommen werden, aber will man viele Träume sammeln, ist der REM-Schlaf am aussichtsreichsten, weil hier die Erinnerung am besten gelingt.

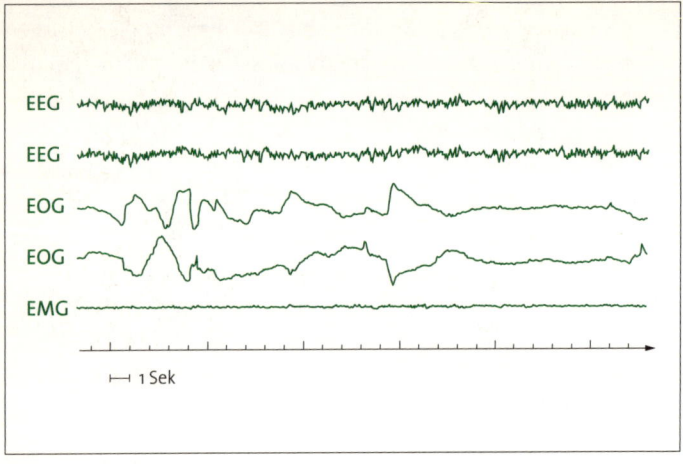

EEG

EEG

EOG

EOG

EMG

⊢—⊣ 1 Sek

Abbildung 3: Ein 30-Sekunden Ausschnitt einer REM-Phase. Die beiden EEG-Ableitungen zeigen rasche unregelmäßige Hirnströme mit niederer Spannung. Die Aufzeichnungen der Augenbewegungen sind gegenläufig geschaltet, konvergierende Ausschläge bedeuten Bewegungen nach links, divergierende nach rechts. Die Muskelspannung am Kinn ist völlig abgesunken.

In der Regel wird ein Schläfer in einer Nacht viermal aus zunehmend längerem REM-Schlaf geweckt. Die erste kurze REM-Phase wird nicht unterbrochen, damit er ungestört eine Zeit im Tiefschlaf verbringen kann. Sobald der Versuchsleiter an den Aufzeichnungen den vorher festgelegten Zeitpunkt erkennt, weckt er den Schläfer über eine Gegensprechanlage und fragt: »Was ist dir durch den Kopf gegangen, bevor ich dich geweckt habe?« Hat der Träumer seinen Bericht beendet, stellt er die Frage: »Wie hast du dich im Traum gefühlt?« und bittet ihn, die Intensität der Gefühle auf einer Skala von 1 bis 5 einzustufen.

Am Morgen nach dem Aufstehen wird in einer Nachbefragung geklärt, welche Traumgestalten und Traumumgebungen dem Träumer bekannt sind und welche Traumelemente aus seiner Lebenssituation

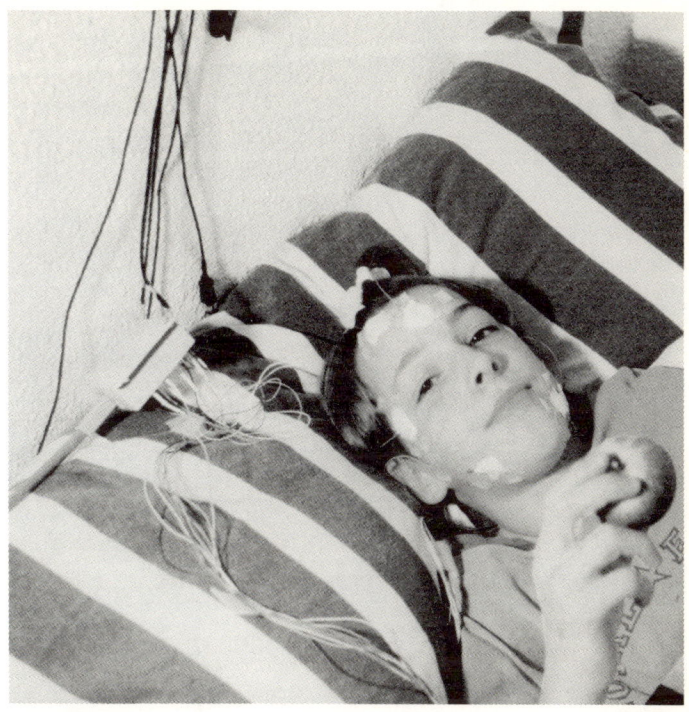

Abbildung 4: Ein 12-jähriger Junge im Schlaflabor. Auf der Kopfhaut und im Gesicht sind Elektroden befestigt, deren Kabel in eine Verbindungsbuchse eingesteckt sind. Sie lassen ihm genügend Spielraum, um die Körperlage zu wechseln.

stammen. Der Versuchsleiter transkribiert später die Bandaufzeichnungen wortgetreu, einschließlich Pausen und nicht sprachlicher Äußerungen, wie Lachen oder Stöhnen. Namen und Ortschaften bezeichnet er nur mit ihrem Anfangsbuchstaben, um die Anonymität in nachfolgenden Auswertungen sicherzustellen.

Dieses Vorgehen wird natürlich je nach Fragestellung abgewandelt. Wenn Träume aus verschiedenen Schlafstadien verglichen werden sollen, müssen die Weckungen in Bezug auf Stadiendauer und

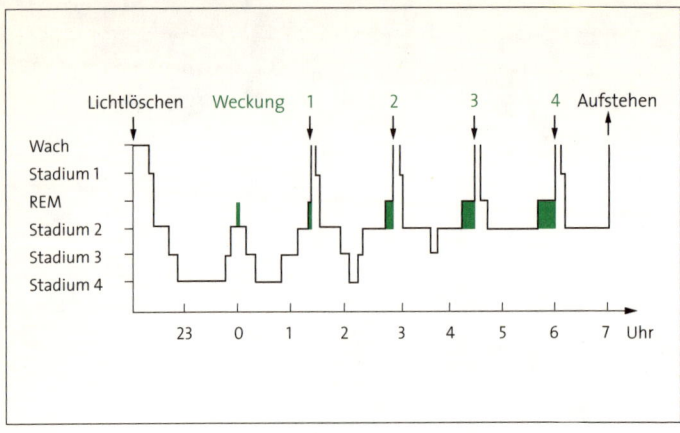

Abbildung 5: Eine typische Labornacht mit vier Weckungen. Der Schläfer wurde erst ab der zweiten REM-Phase geweckt nach jeweils längeren REM-Phasen. Die Weckungen haben die zyklische Abfolge der Schlafstadien nicht beeinträchtigt, weil er nach dem Traumbericht gleich wieder eingeschlafen ist. Auch zeigt das Schlafprofil in den ersten Stunden ein Überwiegen des Tiefschlafs, das Einsetzen der REM-Phasen in regelmäßigem Abstand von etwa anderthalb Stunden und in der zweiten Schlafhälfte längere REM-Phasen im Wechsel mit Stadium 2.

Stellung im Schlafverlauf parallelisiert werden. Wenn spezifische psychophysiologische Zusammenhänge interessieren, können Puls und Atmung zusätzlich registriert werden, beispielsweise um körperliche Signale von Angstträumen herauszufinden.

Auch die Befragung kann erweitert werden, um Traummerkmale zu bestimmen, die oft nicht spontan erwähnt werden, wie etwa die Farben im Traum.

Die Erhebung von Träumen im Schlaflabor hat mehrere Vorteile: Mit der Aufzeichnung der Hirnströme wird der Bewusstseinszustand kontrolliert und die gezielten Weckungen führen zu traumnäheren und repräsentativeren Erinnerungen. Außerdem besteht die Möglichkeit, Erlebnisklassen des Träumens spezifischen physiologischen Merkmalen zuzuordnen.

Allerdings gibt es auch Nachteile: Träume werden nicht in vertrauter Umgebung erinnert, sondern in einer Laborsituation, die mit Messgeräten, Elektroden und Überwachung einhergeht. Der Traumbericht wird sozusagen »öffentlich«, indem er sich an einen Versuchsleiter im Rahmen eines Forschungsprojekts richtet. Es könnte daher eine andere Selektion als bei den spontanen Traumerinnerungen stattfinden, schon unbewusst bei der Traumgestaltung oder bewusst bei der Berichterstattung.

## Experimentelle Beeinflussung

Um den Traum zu beeinflussen, haben Traumforscher in zahlreichen Experimenten die Vorschlafsituation besonders gestaltet. So zeigten sie beispielsweise den Probanden am Abend vor dem Einschlafen einmal einen neutralen und ein anderes Mal einen bedrohlichen Film und untersuchten, ob die Träume in der Nacht nach dem bedrohlichen Film mehr Angstthemen enthielten. Auch besondere Instruktionen wurden abends gegeben; Probanden sollten sich vornehmen von einem bestimmten Thema, einer gewünschten Eigenschaft oder der Lösung eines persönlichen Problems zu träumen.

Bei einer direkten Beeinflussung der Träume werden während des Schlafs verschiedene Signale gegeben. Hier kann man aber nur Stimuli einsetzen, die unter der Weckschwelle liegen, damit Schläfer nicht von ihnen aufwachen. Am besten geeignet sind akustische Stimuli, einfache Töne, sinnvolle Geräusche wie eine Telefonklingel, ein Weinen oder Lachen, aber es wurden auch Stimuli anderer Sinnesmodalitäten, wie Lichtblitze, Wassertropfen und Gerüche verwendet. Bei solchen Experimenten geht es darum festzustellen, ob die Träume Hinweise auf eine Aufnahme dieser Stimuli enthalten, wobei besonders interessant ist, ob sie im Traum direkt übernommen oder in ihrer Bedeutung abgewandelt wurden (**Stimulusverarbeitung im Traum**).

S. 90

# DIE METHODEN DER TRAUMAUSWERTUNG

## Formale Auswertungen

Die Länge eines Traums misst man an der Anzahl der Wörter oder Textzeilen. Vor einer Auszählung werden aber Wiederholungen und Zwischenbemerkungen, die sich an den Empfänger richten, herausgenommen, was oft bei mündlich berichteten Träumen nach Weckungen im Schlaflabor notwendig ist, weil hier die Erinnerung nicht so geordnet verlaufen kann wie eine schriftliche Traumaufzeichnung.

Mit einem anderen Längenmaß unterteilt man einen Traum in Segmente, wobei jede neue Handlung als ein neues Segment gilt. So wird der Satz: »Der Mann sah sich den Film an /, stand auf /, ging heraus / und bemerkte erst jetzt, dass im Kino keine anderen Leute waren« in vier Segmente aufgeschlüsselt.

Segmentierungen von Traumberichten erfassen die Dichte der Handlungen, die vom individuellen Erzählstil weniger abhängig sind als eine Wortzählung. Traumforscher verwenden Längenmaße, wenn sie Träume aus verschiedenen Schlafstadien vergleichen oder die Entwicklung der Traumerinnerung in der Kindheit verfolgen.

Mit anderen formalen Merkmalen analysiert man den Aufbau von Träumen. Häufig eingesetzt wurde eine Skala von David Foulkes, mit der die »Traumhaftigkeit« eines Berichts global eingeschätzt wird. Die Skala reicht von gedankenartigen realitätsnahen bis zu halluzinatorischen und bizarren Ausgestaltungen.

Die dramatische Struktur ist ein weiteres formales Merkmal, das sich auf den Traumverlauf bezieht. Ein Traum kann wie ein klassisches Drama aufgebaut sein mit einer Einleitung, einer dramatischen Steigerung und einer Lösung oder er verläuft assoziativ, indem die Situationen locker aneinander gereiht sind.

Mit formalen Merkmalen kann auch Bizarrheit in Träumen bestimmt werden, indem man im Bericht sinnentfremdete und entstellte Wörter, unverständliche und bruchstückhafte Sätze sowie lückenhafte und unlogische Abschnitte vermerkt.

Strukturmerkmale sind besonders aufschlussreich bei einem Vergleich zwischen Träumen von gesunden und psychisch kranken Menschen oder in der Gegenüberstellung von Träumen und Wachphantasien.

## Inhaltliche Auswertungen

Calvin Hall und Robert Van de Castle veröffentlichten 1966 ein Klassifikationssystem für Trauminhalte, das Traumforscher seither in zahlreichen Untersuchungen angewandt haben. Es besteht aus den Kategorien: Szenerien, Gegenstände, Charaktere, Aktivitäten, soziale Interaktionen, Gefühle, Erfolg / Misserfolg sowie Glück / Unglück, für die jeweils mehrere Codes vorgesehen sind.

Bei den Traumumgebungen werden die Örtlichkeit (Innenräume – Außenwelt) und der Bekanntheitsgrad (vertraut – verfremdet – unbekannt – unbestimmt) signiert.

Die einzelnen Gegenstände werden zwölf Bereichen zugeordnet (z. B.: Werkzeuge, Kleidung, Natur).

Die Auffächerung der Charaktere ist im Kasten dargestellt, wobei jede Traumfigur vier Codes erhält (z. B.: Polizisten = 2MOA, Freundin = 1FKA, unbekannte Tote = 4ISA). (s. Seite 20)

Acht Arten von Aktivitäten werden unterschieden und den Handlungsträgern zugeteilt: Körperbewegungen, Fortbewegung, Ortswechsel, Sehen, Hören, Sprechen, Denken und mimischer Ausdruck.

Die sozialen Interaktionen umfassen aggressive, freundliche und sexuelle Aktivitäten mit verschiedenen Intensitätsgraden, die bei Aggressionen von verdeckten Unfreundlichkeiten (Stufe 1) über verbale Kritik (Stufe 2) bis zu Freiheitsentzug (Stufe 6) und Mord (Stufe 8)

| Zahl | Geschlecht | Identität | | Alter |
|------|------------|-----------|--|-------|
| **1** Individuum | **M** männlich | **F** Vater | **I** Baby | **A** Erwachsener |
| **2** Gruppe | **W** weiblich | **M** Mutter | **Y** Familie | **T** Teenager |
| **3** totes Indiv. | **J** beides | **X** Eltern | **R** Verwandte | **C** Kind |
| **4** tote Gruppe | **I** unbestimmt | **B** Bruder | **K** Bekannte | **B** Baby |
| **5** fiktives Indiv. | | **T** Schwester | **P** Prominente | |
| **6** fiktive Gruppe | | **H** Ehemann | **O** Berufsperson | |
| | | **W** Ehefrau | **E** Ethnische | |
| | | **A** Sohn | **S** Fremde | |
| | | **D** Tochter | **U** Unbestimmte | |
| | | **C** Kind | | |
| | | **Ani** Tier | **Cz** Kreatur | |

reichen. Diesen Codes werden auch die beteiligten Personen zuge-ordnet (z.B.: der Vater kritisierte seinen Sohn = 1MFA a2 > 1MAT, die Einbrecher töteten die Ehefrau = 2MSA a8 > 1FWA).

Bei den Gefühlen werden Ärger, Angst, Freude, Traurigkeit und Ver-wirrung aufgeführt, aber nur dann kodiert, wenn sie direkt genannt werden oder aus dem Verhalten unmittelbar abzuleiten sind (z.B.: »ich begann zu weinen«).

Bei den Kategorien Erfolg und Misserfolg sowie Glück und Unglück werden zusätzlich die Folgen der Handlungen und Ereignisse erfasst (z.B.: wenn ein Versagen durch einen Glücksfall ausgeglichen oder ein unglückliches Ereignis durch tatkräftiges Handeln verarbeitet werden).

Ein Traum aus dem Tagebuch einer Studentin veranschaulicht die-se Inhaltsanalyse in ihren Grundzügen:

»Ich schleiche voller Angst nachts um einen Wohnwagen, der an einem Bahnübergang steht /. *Den habe ich gestern gesehen, ganz nahe bei meiner Wohnung.* Da kommt ein Reiter in Schwarz /, nimmt mich aufs Pferd /. Er benutzt geschickt einen Zug von flie-henden Menschen als Deckung / und wir entkommen den Verfol-gern /. Wir reiten stumm weiter und kommen ins Morgenland /. Ein farbenprächtiger Ausblick von einem Felshöhenweg, der mit einer Treppe senkrecht steil zum Meer führt. Rot und weiß geklei-dete Eingeborene kommen die Treppe herauf /, ich kann gar nicht so schnell fotografieren /. Am Felsen ist eine kleine Basthütte an-geklebt und hier begrüßen wir zwei Negermädchen in roten Klei-dern und mit Strohhüten /. Sie sprechen zu unserem Erstaunen schwäbisch und sagen zu meinem Begleiter ›Felix‹ /.«

Nach Streichung des kursiv gesetzten Satzes umfasst der Traum 108 Wörter und setzt sich aus zehn aufeinander folgenden, durch Quer-striche markierten Handlungssegmenten zusammen.

Der Traum spielt an einem bekannten und einem fremden Ort, die beide im Freien lokalisiert sind.

Requisiten der Traumbühne sind neun Objekte mit folgenden Zuordnungen: Morgenland als *Region*, Meer und Felsweg als *Natur*, Wohnwagen, Treppe und Basthütte als *Architektur*, Bahnübergang als *Reise*, schwarze sowie rote Gewänder und Strohhüte als *Kleidung*.

Außer der Träumerin treten ein erwachsener Fremder, ein Tier, unbestimmte unbekannte Fliehende, unbestimmte unbekannte Verfolger, fremde erwachsene Eingeborene als gemischte Gruppe sowie zwei eingeborene Mädchen auf.

Die Träumerin und die anderen Traumfiguren führen insgesamt zehn Aktivitäten aus, die den Kategorien *Körperbewegungen* (aufs Pferd nehmen, fotografieren), *Fortbewegung* (schleichen, kommen, Deckung nehmen, reiten), *Sehen*, sowie *Sprechen* (begrüßen, anreden) zugeordnet werden.

Bei den sozialen Interaktionen werden signiert: eine *Aggression* ausgehend von den Verfolgern (Stufe 6) sowie zwei *Freundlichkeiten* aufgrund der Hilfeleistung des unbekannten Reiters (Stufe 4) und der Begrüßung der Mädchen (Stufe 2).

Dem Text sind zwei Gefühle zu entnehmen, Angst am Anfang des Traums und Überraschung am Schluss.

Die Kategorie Erfolg wird ohne negative Konsequenzen vermerkt, weil die Flucht vor den Verfolgern gelingt, während Glück oder Unglück als Ereignisse, die ohne Zutun der Traumfiguren eintreten, in diesem Traum nicht vorkommen.

Hall und Van de Castle erstellten eine Normstichprobe, der je fünf spontane Träume von 100 Frauen und 100 Männern zugrunde liegt. Ihr Verfahren, das aufgrund genauer Regeln verlässlich anzuwenden ist, ermöglicht eine Bestandsaufnahme von Träumen und ist gut geeignet, Träume verschiedener Altersstufen und sozialer Gruppierungen vergleichend zu beschreiben.

# Qualitative Auswertungen

Qualitative Auswertungen nehmen Traumforscher vor, um zu untersuchen, auf welche Lebensbereiche sich Träume beziehen und wie sie mit übergeordneten Eigenschaften charakterisiert werden können.

Träume sind im Alltag, in der Freizeit oder in einer Phantasiewelt angesiedelt, und in diesen Lebensbereichen kann man aufgrund der Aktivitäten den *Alltag* in Beruf, Haushalt und Unterwegssein und die *Freizeit* in Reisen, Sport und Spiel unterteilen.

Für die Bestimmung übergeordneter Eigenschaften, wie Phantasiereichtum, Realitätsnähe, Ichbeteiligung oder dramatische Ausgestaltung gibt es zahlreiche Dimensionen und Kategorien, mit denen Träume global oder spezifisch eingestuft werden, wobei neben einer Beschreibung des Merkmals meistens auch ein Maßstab vorgesehen ist.

Bei einer globalen Einschätzung von Bizarrheit geht ein Beurteiler beispielsweise von der Definition aus: »Als inhaltlich bizarr gilt alles, was von den kulturellen und natürlichen Gegebenheiten abweicht. Nicht bizarr ist alles Gewöhnliche, dessen Auftreten keiner Erklärung bedarf« und schätzt den Grad der bizarren Ausprägung eines Traums auf einer Skala von 0–5 ein.

Sollen jedoch einzelne bizarre Traumelemente genauer bestimmt werden, gibt man für die Auswertung, wie im Kasten auf Seite 25 aufgeführt, Kategorien vor, die Aufschluss darüber geben, wie sich Bizarrheit auf verschiedene Inhaltsklassen verteilt.

Der REM-Traum eines 14-jährigen Jungen, der global auf Stufe 5 der Bizarrheit eingeschätzt wurde, enthält mehrere bizarre Kategorien:

»In irgendeinem Klassenzimmer war eine kleine Modelleisenbahn, also die da im Kreis herumfährt. Dann war ich plötzlich in einem U-Boot unter Wasser mit meinen Klassenkameraden. Und irgendwie ist einer geschrumpft und dann haben wir angefangen, zu singen:

›Oh, jetzt muss er in die Berge‹, weil er ein Zwerg ist, um Kristall ab-
zubauen. Dann haben wir ihn in die Berge gebracht, er hat sich auf
diese Modelleisenbahn gesetzt und ist losgefahren.«

In diesem Traum wurden als bizarr kodiert der plötzliche Wechsel
vom zweckentfremdeten Klassenzimmer in ein U-Boot (Kategorie
*Umgebungen*), die Verwandlung des Kameraden in einen Zwerg (Kategorie *Personen*), der komische Gesang (Kategorie *Sprache*) und die
Fahrt auf der Mini-Eisenbahn in der Berglandschaft (Kategorie *Handlungen*).

Qualitative Einschätzungen sind für Traumauswertungen unver-
zichtbar, weil sie eine inhaltliche Bestandsaufnahme um Fragestellungen erweitern, die sich auf die Gestaltungsprinzipien und die Dy-
namik der Träume beziehen.

## Vergleichende Zuordnungen

Wenn Traumforscher die Aufnahme und Verarbeitung von Signalen
auswerten, die sie während des Schlafs gegeben haben, beziehen sie
unstimulierte Träume ein, um zu kontrollieren, ob von diesen Stimuli
auch sonst geträumt wird. Meistens werden zwei Beurteiler heran-
gezogen. Es wird ihnen beispielsweise die Aufgabe gestellt, aus einer
Mischung von Träumen mit und ohne Beeinflussung diejenigen herauszufinden, bei denen das Geräusch »Düsenjäger« präsentiert wurde. Anschließend wird statistisch berechnet, ob die Zahl der Treffer
über der Zufallserwartung liegt.

## Zuverlässigkeit der Traumauswertung

Bei Inhaltsanalysen kodieren in der Regel zwei Beurteiler, die für diese Aufgabe vorher geschult wurden, unabhängig voneinander alle
Träume und einigen sich anschließend über abweichende Einstufun-

| 1 | **Umgebungen** | ungewöhnlich, historisch, fiktiv, z.B.: das tote Meer ist rot |
|---|---|---|
| 2 | **Personen** | verändert, entstellt, historisch, z.B.: ein Mann mit Hundebeinen |
| 3 | **Objekte** | verändert, ungewöhnlich, z.B.: Skatkarten aus Holz |
| 4 | **Handlungen** | unüblich, verboten, unmöglich, z.B.: fliegen können |
| 5 | **Sprache** | seltsam, unsinnig, z.B.: »jetzt spreche ich kreuzweise« |
| 6 | **Erleben** | merkwürdig, unerklärbar, z.B.: Wahnvorstellungen |

gen. Handelt es sich um sehr viele Traumtexte, bearbeiten sie zunächst nur eine Stichprobe dieser Träume. Ihre Übereinstimmung wird dann statistisch überprüft und wenn sie hinreichend ist, übernimmt jeder allein einen Teil der restlichen Berichte.

# DIE TRAUMERINNERUNG

## Traumerinnerung im Alltag

Die Erinnerung ist der einzige Zugang zur Traumwelt, aber nicht jeder Mensch kann über sie in gleicher Weise verfügen. In verschiedenen Ländern wurden Erwachsene gefragt, wie häufig sie sich im Alltag an ihre Träume erinnern. Diese repräsentativen Umfragen führten zu ähnlichen Ergebnissen. Es gibt ungefähr drei gleich große Gruppen mit seltener, gelegentlicher und häufiger Traumerinnerung. Diese Verteilung gilt auch für ältere Menschen, von denen immer wieder gesagt wird, dass sie weniger träumen. Das stimmt aber genau so wenig wie die Behauptung, alte Menschen würden weniger Schlaf brauchen.

In einer Mannheimer Untersuchung wurden alte Menschen gefragt, ob sich ihre Traumerinnerung gegenüber früheren Jahren verändert habe. Für die Mehrheit der Befragten war die Erinnerung an Träume gleich geblieben, aber es gab auch Menschen, die sich jetzt im Alter besser erinnerten und wiederum andere, die ein Nachlassen beobachtet hatten. Das zeigt, dass das Erinnern oder Vergessen von Träumen oft kein stabiles Merkmal ist, sondern von der Lebenssituation abhängt.

Aus einer eigenen Langzeitstudie, die das zweite und dritte Lebensjahrzehnt umfasst, geht hervor, dass die Traumerinnerung im Jugendalter eindeutig häufiger ist als im Erwachsenenalter. Wenn Jugendliche im Prozess der Selbstfindung über sich nachdenken, beachten sie auch mehr ihre Träume, während in späteren Jahren die Anforderungen des täglichen Lebens im Vordergrund stehen und Träume weniger wichtig sind. So ist auch zu verstehen, dass viele Menschen sich in den Ferien besser an ihre Träume erinnern, weil sie dann länger schlafen und sich Zeit für sie nehmen.

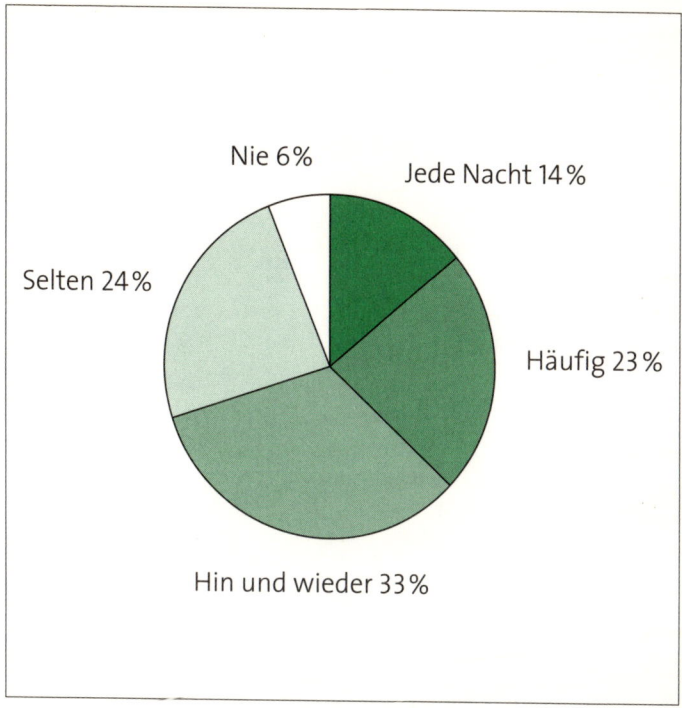

Abbildung 6: Ein Beispiel für die Ergebnisse einer repräsentativen Umfrage in der Schweiz, bei der häufige, gelegentliche und seltene Traumerinnerungen annähernd gleich verteilt sind (nach Borbély, 1984).

## Traumerinnerung im Schlaflabor

Am häufigsten erinnern sich Menschen an ihre Träume, wenn sie unmittelbar aus den REM-Phasen geweckt werden. Durchschnittlich bekommt man hier nach acht von zehn Weckungen einen Traumbericht. Träume aus den Schlafstadien 2 bis 4 werden dagegen, bei größeren individuellen Unterschieden, nur nach zwei von drei Weckungen erinnert.

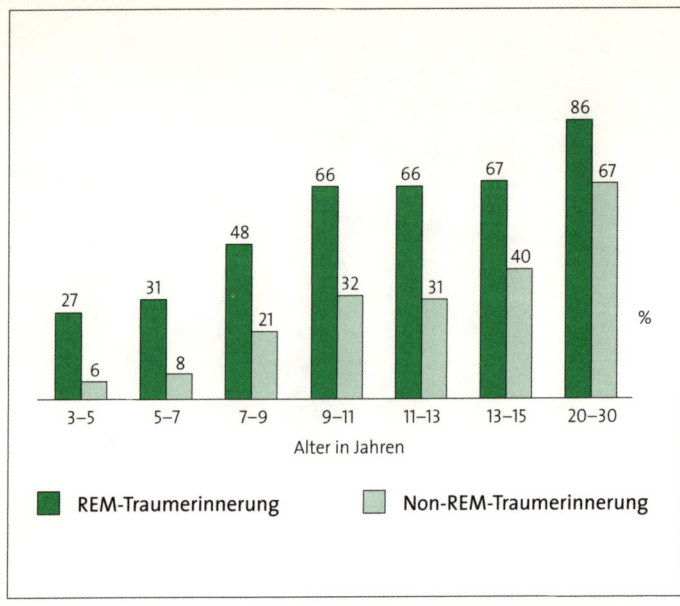

Abbildung 7: Die Entwicklung der Traumerinnerung von der frühen Kindheit bis ins Erwachsenenalter. Nach Weckungen aus dem REM-Schlaf steigt sie kontinuierlich an, ebenso aus dem Non-REM-Schlaf, wenngleich auf niedrigerem Niveau.

In den ersten Jahren nach der Entdeckung des REM-Schlafs waren viele Traumforscher noch der Meinung, Träume fänden nur in diesem Schlafstadium statt, das sie »Traumschlaf« nannten. Aber schon 1962 stellte David Foulkes fest, dass Träume auch nach Weckungen aus Non-REM-Stadien erinnert wurden, vor allen Dingen dann, wenn er nicht nur nach einem Traum fragte, sondern zusätzlich danach, ob dem Probanden vor dem Wecken etwas durch den Kopf gegangen sei. Mit dieser erweiterten Frage konnte er auch die gedankenartigen Träume erfassen.

Die Fähigkeit sich auf Träume zu besinnen entwickelt sich erst allmählich im Laufe der Kindheit, wie David Foulkes in einer Langzeit-

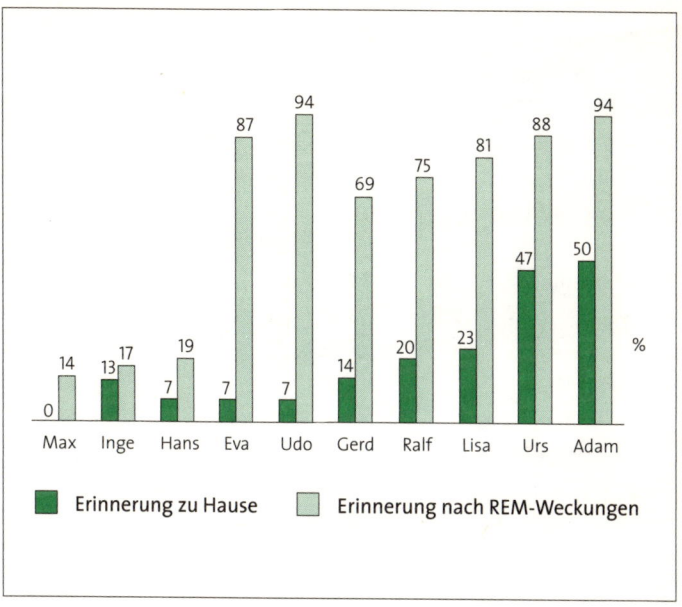

Abbildung 8: Die Häufigkeiten der Traumerinnerung im Traumtagebuch und nach Weckungen aus dem REM-Schlaf von sieben Männern und drei Frauen, die angaben, sich im Alltag wenig an Träume zu erinnern.

studie nachgewiesen hat, deren Ergebnisse in Abbildung 7 dargestellt sind. Nur nach einer von vier REM-Weckungen berichteten 3- bis 5-jährige Kinder einen Traum, aber mit dem Älterwerden verbesserte sich ihre Erinnerung und kam im Jugendalter schon nahe an die Werte der Erwachsenen heran. Die Erinnerung an Träume aus dem Non-REM-Schlaf war in der frühen Kindheit überaus selten, danach stieg sie jedoch an, war aber im zweiten Lebensjahrzehnt noch nicht so häufig wie bei jungen Erwachsenen.

Am Psychologischen Institut in Zürich hat Barbara Meier sieben Männer und drei Frauen untersucht, die angaben, sich im Alltag überaus selten an Träume zu erinnern. Zunächst führten die Probanden zu Hause eine Woche lang ein Traumtagebuch und anschließend wurden sie im Labor in je vier Nächten aus den REM-Phasen geweckt und nach ihren Träumen befragt.

Abbildung 8 zeigt die individuellen Vergleiche zwischen Traumerinnerung im Alltag und nach Weckungen. Es ist interessant, dass allein die Aufforderung, zu Hause ein Traumtagebuch zu führen, schon bei vier Probanden zu einer häufigeren Traumerinnerung führte. Im Schlaflabor stieg bei der ganzen Gruppe die Erinnerung an und auch Max, der zu Hause keinen Traum notierte, erinnerte sich hier an zwei Träume. Die meisten Probanden konnten sich jetzt sogar sehr gut erinnern, und zwar nicht nur Urs und Adam, denen schon zu Hause mehr Träume einfielen, sondern auch Eva und Udo. Von ihnen grenzen sich aber immer noch Max, Inge und Hans ab, die auch unter diesen Bedingungen nur selten Träume berichten konnten, das heißt, Weckungen aus dem REM-Schlaf garantieren keinen Traumbericht, es müssen noch andere Faktoren beteiligt sein.

## Faktoren der Traumerinnerung

In mehreren Untersuchungen war eine Erinnerung von REM-Träumen noch besser vorherzusagen, wenn vor einer Weckung das EEG kurzfristig besonders aktiviert war und gerade lebhafte Augenbewegungen registriert wurden. Die Zürcher Forscher Martha Koukkou und Dietrich Lehmann haben ein Modell vorgestellt, nach dem Träume umso leichter erinnert werden, je näher der physiologische Zustand vor der Weckung dem Wachzustand war, weil dann bei einer Übernahme des Traums ins Wachbewusstsein weniger Schwellen überwunden werden müssen.

Die Art des Aufwachens ist ein weiterer Faktor, der auf die Traumerinnerung einen Einfluss hat. Sie gelingt leichter, wenn man nach dem Aufwachen ruhig liegen bleibt, sich nicht sofort der Wachwelt zuwendet, sondern versucht, sich in das Traumgeschehen zurückzuversetzen.

Die amerikanischen Psychologen David Cohen und Gary Wolfe haben in einer Untersuchung gezeigt, wie eine Ablenkung die Traumerinnerung hemmen kann. Sie stellten ihren Probanden die Aufgabe, morgens nach dem Aufwachen zunächst den Wetterdienst anzurufen und erst anschließend die Träume aufzuschreiben. An diesen Tagen stellten sich weit weniger Erinnerungen ein verglichen mit den Tagen, an denen keine Ablenkung erfolgte. Die Probanden erinnerten sich zwar häufig daran geträumt zu haben, konnten aber meistens den Inhalt nicht zurückrufen. Traumforscher sprechen hier von »weißen« Träumen, weil nur der Zugriff auf die Inhalte gehemmt ist.

Auch die Beschaffenheit eines Traums beeinflusst die Erinnerung. Dramatische, prägnante und gefühlsstarke Träume prägen sich dem Gedächtnis stärker ein als banale, unbestimmte und neutrale Träume. Hier besteht eine Parallele zum Wachen, wo man auch auffällige Ereignisse detaillierter wahrnimmt und besser behält.

Ganz wesentlich für die Traumerinnerung sind aber die Motivation und die Einstellung gegenüber Träumen, wie aus mehreren Befragungen hervorgeht. Menschen, die sich häufig an Träume erinnern, erinnern sich gerne an Träume und halten sie für bedeutungsvoll. Menschen dagegen, die sich selten an Träume erinnern, stehen ihnen gleichgültiger gegenüber, wobei diese Einstellung sowohl Folge als auch Ursache der schlechten Traumerinnerung sein kann.

Persönlichkeitseigenschaften wie Emotionalität, Ichstärke, und Gedächtnisfähigkeit, die Psychologen in vielen Untersuchungen mit verschiedenen Tests erfassten, zeigten keinen verlässlichen Zusammenhang mit der Häufigkeit der Traumerinnerung; lediglich Phantasiereichtum scheint mit einer guten Traumerinnerung einherzugehen. Freud hat das Vergessen der Träume in erster Linie auf eine Verdrängung zurückgeführt, aber auch dieses Merkmal stand in keiner bedeutsamen Beziehung zur Traumerinnerung.

Schließlich sind noch soziokulturelle Einflüsse anzuführen. Träume spielen in der heutigen Gesellschaft eine geringe Rolle, sie gehören dem privaten Lebensbereich an, erfahren keine öffentliche Aufmerksamkeit und ihr Erzählen wird deshalb nicht bekräftigt.

## Qualität der Traumerinnerung

Die Erinnerung an Träume ist nicht sehr nachhaltig, sofern sie sich nicht durch auffällige bizarre Merkmale auszeichnen und deshalb dem Gedächtnis besonders einprägen. Gegenspieler der Traumerinnerung sind das Vergessen und die Rezension des Wachbewusstseins.

Dies wurde in einer Untersuchung deutlich, in der Probanden am Morgen aufgefordert wurden, die Träume der vergangenen Nacht noch einmal zu erzählen. Von hundert REM-Träumen fielen ihnen spontan nur 81 wieder ein, die übrigen hatten sie völlig vergessen. Vor allem die zweiten Träume einer Nacht, die häufiger als gefühlsmäßig neutral erlebt wurden, waren nicht mehr greifbar.

Hinzu kommt, dass Traumberichte nach Weckungen aus dem REM-Schlaf am Morgen meistens nicht erlebnisgetreu wiedererzählt werden. Einzelheiten können verblassen, neue Phantasien füllen Erinnerungslücken aus oder das Wachdenken ordnet das Erlebnis.

In mehreren Arbeiten untersuchten Traumforscher, wie sich ein Traumbericht verändert, wird er mit zeitlichem Abstand noch einmal erzählt. Sie beobachteten drei Arten von Veränderungen: Erstens die *Reduktion*, bei der ein Traum durch den Wegfall einzelner Elemente, Vereinfachung und Verkürzung unvollständig wiedergegeben wird. Zweitens die *Erweiterung*, bei der der erste Traumtext ausgeschmückt und durch neue Details bereichert wird. Drittens die *Umstrukturierung*, bei der Elemente der ersten Fassung umgewandelt, mit anderen Akzenten versehen oder ins Gegenteil verkehrt werden.

Der folgende Traum einer jungen Frau, der aus der zweiten REM-Phase stammt und den sie am Morgen ein zweites Mal erzählte, veranschaulicht solche Veränderungen.

Nachtbericht:

»Da habe ich einen Zug gesehen, der hatte Räder, so wie Bulldogräder. Und in dem Zug, da saßen lauter Flaschen, richtige Flaschen und drum herum so Korbflaschen. Die waren auch unterschiedlich gekleidet, also richtig bekleidet, mir kam es vor, als wenn die gekleidet waren, manche waren mit dunklem Korb, andere mit hellem, andere so mit Bast so längs, andere wieder ganz quer geflochten, also ganz unterschiedlich. Und die haben sich alle miteinander unterhalten. Und dann ist dieser Zug immer so weitergefahren, die Räder waren merkwürdig lose, so als wenn die gar nicht richtig fest waren, es hat alles so ein bissel geschwankt. Und dann sind die immer bergrunter-bergrauf, bergrunter-bergrauf, es gab gar keine ebene Strecke. Dann sind die gefahren, gefahren und gefahren, und dann plötzlich hat dies Dings so wie Flügel gekriegt und ist huit! nach oben in die Luft.«

Morgenbericht:

»Ach ja, der mit den Flaschen. Da war irgendein Zug, und in dem Zug, der war ganz voll besetzt, da waren nur Flaschen. Und die Flaschen waren auch so wie angezogen, manche dunkel, manche hell, so ein Korbgeflecht hatten manche um. Es waren alles so Weinflaschen, Literflaschen, und die haben immer so gemacht, als ob sie sich unterhalten haben, die haben immer genickt, mehr weiß ich nicht.«

Der Morgenbericht weist erhebliche *Reduktionen* auf, Wiederholungen sind weggefallen und es fehlen die wackligen Räder, die Bastbekleidung der Flaschen, die Fahrt des Zuges und das phantastische Ende. Eine Tendenz zur *Erweiterung* zeigt sich bei den Flaschen, die am Morgen genauer beschrieben wurden. Nur eine *Umstrukturierung* hat stattgefunden, ursprünglich heißt es in Bezug auf die Flaschen konkret »die haben sich alle miteinander unterhalten«, am

Morgen macht sich die Zensur des Wachdenkens bemerkbar mit der Formulierung »die haben immer so gemacht, *als ob* sie sich unterhalten haben«. Freud hat für solche Umgestaltungen den Begriff der »sekundären Bearbeitung« eingeführt. Insgesamt gesehen wirkt der zweite Traumbericht distanzierter und aufgrund der Reduktionen weniger dramatisch.

Am häufigsten wurden in Morgenversionen von Traumberichten Reduktionen beobachtet, an zweiter Stelle standen Erweiterungen, während Umstrukturierungen eher selten auftraten. Hier ist auch zu bedenken, dass solche Veränderungen den gleichen Regeln folgen, die das Behalten im Wachzustand bestimmen. Allerdings beziehen sich Traumberichte immer auf ein Erleben, das in einem anderen Bewusstseinszustand stattfand, was sowohl die Übertragung als auch das Behalten erschwert.

Zusammenfassend sind drei eindeutige Ergebnisse in Bezug auf die Traumerinnerung festzustellen: Alle Menschen träumen mehr als sie spontan im Alltag erinnern, Träume kommen in allen Schlafstadien vor, und sie werden am leichtesten nach Weckungen aus dem REM-Schlaf erinnert. Die Traumerinnerung ist daher nicht gleichzusetzen mit dem Auftreten von Träumen. Träume begleiten den Schlaf kontinuierlich und wenn jemand sich nicht an Träume erinnert, so heißt dies nur, dass es ihm nicht gelingt, seine Träume ins Wachbewusstsein zu überführen. Die Traumerinnerung ist von vielen physiologischen und psychologischen Faktoren abhängig, deren Gewichtung schwer zu bestimmen ist, weil die interindividuellen Unterschiede überaus groß sind.

# DIE GESTALTUNGSELEMENTE DER TRÄUME

## Sinneswahrnehmungen

In Träumen treten alle Sinnesmodalitäten auf, in demselben Ausmaß, wie man die Welt im Wachen wahrnimmt (**Träume von blinden Menschen**). S. 105 Mit den Traumwahrnehmungen haben sich die Forscher seit langem beschäftigt. Sarah Weed und Florence Hallam, zwei Mitarbeiterinnen von Mary Calkins, veröffentlichten 1896 eine Arbeit, in der sie das Auftreten der verschiedenen Sinneswahrnehmungen in 381 spontanen Träumen von sechs Personen untersuchten. Bildhafte Eindrücke kamen in nahezu allen Träumen vor, akustische Phänomene in rund zwei von drei Träumen und Tastempfindungen in jedem zehnten Traum. Geschmack und Geruch waren jedoch überaus selten. Diese Rangfolge der Sinneswahrnehmungen galt für alle Träumer und hat sich in späteren Untersuchungen auf breiterer Datenbasis immer wieder bestätigt.

In einer Untersuchung am Psychologischen Institut in Zürich wurden Probanden genau befragt, wie sie die einzelnen Traumelemente erlebt haben. Visuelle Vorstellungen standen, wie Abbildung 9 zeigt, eindeutig im Vordergrund, sie umfassen mehr als die Hälfte der Elemente. Akustische Wahrnehmungen und Körpergefühle lagen an zweiter und dritter Stelle nahe beieinander, während Geruch und Geschmack auch hier nur vereinzelt erinnert wurden.

Träumer konnten das, was sie gesehen und gefühlt hatten, differenzierter beschreiben als die akustischen Phänomene und stuften die Intensität und Klarheit des Erlebens für Sehen und Fühlen gegenüber Hören höher ein. Das überrascht eigentlich nicht, weil Menschen auch im Wachen das, was sie sehen und am eigenen Leib spüren, besonders gut beschreiben können.

Der amerikanische Schlafforscher Allan Rechtschaffen untersuchte mit einer Mitarbeiterin genauer die visuelle Qualität der Traumbilder. Von der Fotografie einer jungen Frau, die in einem Wohnzimmer auf einem Sofa sitzt, stellten sie zunächst 129 Varianten her mit verschiedenen Graden von Farbsättigung, Helligkeit, Bildschärfe und Fokussierung. Dann stuften Beurteiler jedes Bild daraufhin ein, wie sehr es in den einzelnen Dimensionen von der üblichen Wahrnehmung im Wachen abwich. Anschließend weckten sie ihre Probanden aus dem REM-Schlaf und forderten sie auf, aus der Palette der Fotos dasjenige herauszusuchen, das am ehesten zur visuellen Qualität ihrer letzten Traumszene passte. In Bezug auf Helligkeitsgrad und Bildschärfe wählten die Träumer Fotos aus, die der Wahrnehmung im Wachen weitgehend entsprachen, aber ihre Träume hatten bei diesen Vergleichen weniger satte Farben und einen eher verschwommenen Hintergrund.

In der älteren Traumliteratur wurde häufig berichtet, dass farbige Träume eher selten seien, wobei diese Aussage aus Befragungen abgeleitet wurde. In der Normstichprobe von Calvin Hall und Robert Van de Castle wurde in jedem vierten spontanen Traum Farbe genannt, häufiger von Frauen als von Männern.

Der amerikanische Schlafforscher Frederik Snyder hat als Erster Farbwahrnehmungen an einer größeren Zahl von REM-Träumen untersucht. Dort wo sich an den Traumbericht eine ausführliche Befragung anschloss, lag der Anteil farbiger Träume bei 70 Prozent und war somit deutlich höher als bei Träumen ohne Befragung.

Wenn man Träumer nicht besonders auffordert, auf alle Einzelheiten ihres Traums zu achten, erwähnen sie Farben entweder nur dann, wenn sie von der Wirklichkeit abweichen »da sah ich einen grünen Tiger« oder wenn man üblicherweise auf Farben achtet »die Frau trug ein rotes Kostüm«. Hingegen nennen sie Farben selten, wenn sie selbstverständlich sind, man sagt »Ich ging durch einen Tannenwald« und nicht »Ich ging durch einen Wald mit grünen Tannen«.

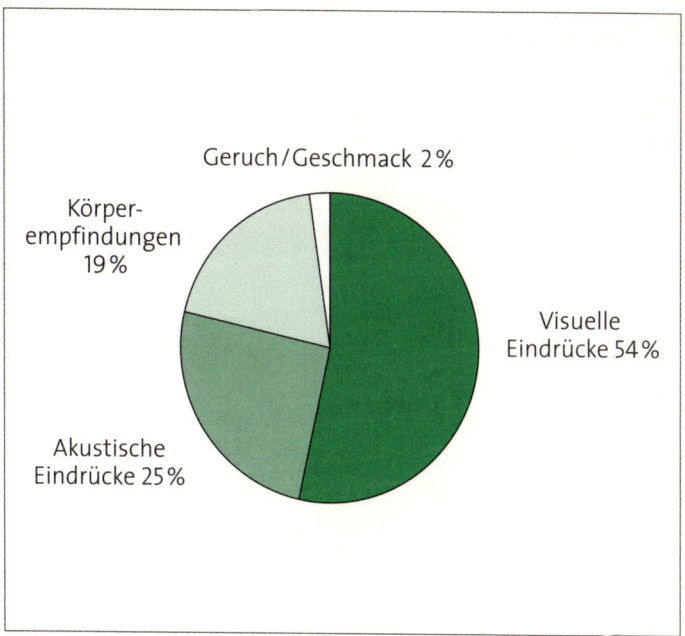

Abbildung 9: Die Verteilung der verschiedenen Sinneswahrnehmungen in REM-Träumen aufgrund einer Befragung, was die Träumenden im Einzelnen gesehen, gehört, körperlich gespürt, gerochen oder geschmeckt hatten.

Deshalb sind Befragungen zur Farbigkeit der Traumbilder unerlässlich, zumal man davon ausgehen muss, dass die meisten Träume farbig sind, weil man im Wachen die Welt ja auch in Farben sieht und weil diese Erfahrungen Grundlage der Träume sind.

## Gedanken

Es wird in der Traumliteratur viel zu wenig beschrieben, dass Träumende sich im Verlauf des Geschehens Gedanken machen, ihr Wissen abrufen, Entscheidungen treffen und die Ereignisse innerlich kommentieren. Denkvorgänge während des Träumens muss man aber unterscheiden von Gedanken, die sich bei der Erinnerung und dem Erzählen einstellen und mit denen der Traum nachträglich ergänzt und bewertet wird.

In Traumberichten werden Gedanken spontan eher selten genannt, weil die Erzähler sich an den Wahrnehmungen und Handlungen orientieren, die plastischer repräsentiert sind und die sie leichter abrufen können als Gedanken. Fragt man aber Träumer gleich im Anschluss an ihren Bericht, was sie während des Träumens gedacht haben, dann stellt man fest, dass viele Träume von Denkvorgängen begleitet sind.

Frederik Snyder fand aufgrund solcher Nachbefragungen, dass Träumende in jedem zweiten Traum Überlegungen anstellten, in jedem dritten trafen sie Entscheidungen und in jedem fünften fassten sie Entschlüsse. Der folgende Traum eines jungen Mannes, der aus der dritten REM-Phase stammt, veranschaulicht solche Denkvorgänge:

»Ich habe geträumt, ich esse einen Kuchen, der ganz flach ist und einen sehr großen Durchmesser hat, also über zwei Meter und der war ziemlich dünn, etwa so einen halben Zentimeter dick, und auch recht hart. Und wie ich so an diesem Kuchen herumknabbere, da merke ich, dass das ja eigentlich ein Hundebiskuit ist, aber ich hatte schon einen großen Teil davon gegessen. Und dann habe ich mir überlegt, was dann der Hund macht, wenn ich seinen Kuchen wegesse, also ob er dann noch irgendetwas zum Essen hat. Und es war so, dass der Hund und ich versetzte Essenszeiten hatten und ich dachte dann, ich könnte dem Hund ja mein Essen geben und dann hätte ich wieder seins essen müssen.«

Die Gedanken des Träumers wurden von einer Handlung angeregt. Als er merkt, dass er an einem Hundebiskuit knabbert, weiß er plötzlich, dass sich der Essensplan verschoben hat und er überlegt, welche

Folgen dies für ihn und den Hund hat, ohne aber die bizarre Situation kritisch in Frage zu stellen.

Allan Rechtschaffen hat die Eingleisigkeit des Denkens im Traum betont. Darunter versteht er, dass einem Träumer nicht wie im Wachen parallel zu den ablaufenden Wahrnehmungen und Handlungen Nebengedanken durch den Kopf gehen. Diese Einschränkung des Denkens hängt damit zusammen, dass das Erleben augenblicksbetont ist und Träumer sich nicht ihrer Wacherfahrungen, ihrer »Geschichtlichkeit« bewusst sind.

## Gefühle

Über die Gefühle im Traum findet man in der älteren Literatur häufig Angaben, die sich nur auf ihre Auffälligkeit beziehen, etwa wenn Träumer Schreckliches erleben und unberührt bleiben oder mit unangemessener Heiterkeit reagieren.

In einer repräsentativen Schweizer Umfrage gab die Mehrzahl der Befragten an, sowohl positive wie negative Träume zu erinnern, für jeden Fünften sind sie weitgehend positiv und weniger als zehn Prozent erleben sie meistens als unangenehm. Interessant ist, dass jeder Fünfte angab, überwiegend neutrale Träume zu haben (**Albtraum** **und Angsttraum**).

S. 95

Gefühle werden, ähnlich wie Farben und Gedanken, selten spontan genannt, deshalb gibt eine Befragung der Träumer besseren Aufschluss über die Traumgefühle. So hat beispielsweise der Träumer mit dem Hundebiskuit-Erlebnis in seinem Bericht kein Gefühl angegeben, aber in der Befragung sagte er, er habe es lustig gefunden, was nicht ohne weiteres zu vermuten ist, denn es hätte auch Abscheu sein können.

Bei den Gefühlsangaben der Träumer unterscheidet man zwischen konkreten Gefühlen, wie Ärger, Freude, Scham und allgemeinen Befindlichkeiten wie »ich habe mich wohl gefühlt« oder »es ging mir

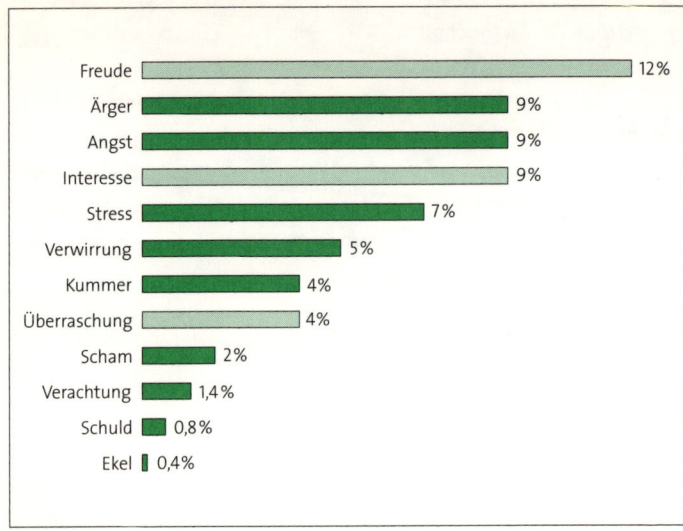

Abbildung 10: Häufigkeiten verschiedener konkreter Gefühle in 500 REM-Träumen von jungen Erwachsenen.

nicht so gut«. Aus den Nennungen von Gefühlen und Befindlichkeiten kann man ihre positive und negative Qualität ableiten.

REM-Träume gehen zwar oft mit Gefühlen einher, werden aber nicht selten ohne emotionale Beteiligung erlebt, wie eine eigene Untersuchung von 500 REM-Träumen zeigte. In jedem zweiten Traum stellten sich konkrete Gefühle ein und jeweils einer von vier Träumen war entweder nur von einer Befindlichkeit begleitet oder wurde als neutral erlebt. Neutrale Träume unterschieden sich von gefühlsbetonten Träumen nicht im Reichtum ihrer Inhalte, genau wie im Wacherleben sind Träume nicht ständig von prägnanten Gefühlen begleitet.

Wie Abbildung 10 zeigt, kam in den Träumen das ganze Spektrum der Gefühle vor. Freude besetzt den ersten Rangplatz, dicht gefolgt von Ärger und Angst. Dagegen waren Gefühle wie Scham, Verachtung, Schuld und Ekel vergleichsweise selten.

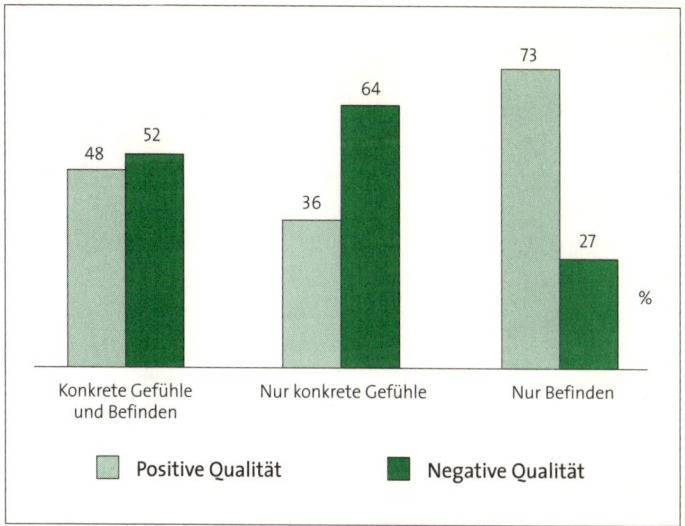

Abbildung 11: Die positive und negative Gefühlsqualität in 500 REM-Träumen von jungen Erwachsenen insgesamt und getrennt für konkrete Gefühle und Befindlichkeiten.

Gruppiert man die konkreten Gefühle nach ihrer Qualität, dann sind negative Gefühle wesentlich häufiger als positive, der erste Rangplatz von Freude ist also zu relativieren.

Fasst man aber konkrete Gefühle und Befindlichkeiten zusammen, dann ergibt sich, wie Abbildung 11 zeigt, ein ausgewogenes Verhältnis zwischen Träumen mit positiver und negativer Gefühlslage, dem jedoch folgender Unterschied zugrunde liegt: Unangenehme Traumerlebnisse äußern sich häufiger in konkreten Gefühlen, während positives Erleben eher in einer Befindlichkeit zum Ausdruck kommt. Das erinnert an den Alltag, wo man sich auch meistens eher wohl als unwohl fühlt, aber auf negative Ereignisse emotional stärker reagiert als auf angenehme Erlebnisse.

Die Intensität der Gefühle und Befindlichkeiten hatte ihren Schwerpunkt deutlich im mittleren Bereich. Extrem starke oder extrem schwache Intensitäten wurden im Traum weit weniger häufig erlebt.

David Foulkes hat mit seinen Kollegen untersucht, ob die Traumgefühle den Emotionen im Wachen entsprechen. Sie weckten ihre Probanden aus dem REM-Schlaf und befragten sie nach den beteiligten Gefühlen. Anschließend sollten sie sich vorstellen, sie hätten den Traum im Wachen erlebt und angeben, ob und welche Gefühle sie dann gehabt hätten. Die meisten Traumgefühle waren angemessen, das heißt, sie hätten sich auch bei einem solchen Erlebnis im Alltag eingestellt. Jede fünfte Traumsituation wurde als neutral erlebt, wäre aber im Wachen von einem Gefühl begleitet gewesen, während überaus selten Traumgefühle in Widerspruch zum Wacherleben standen. Ungewöhnliche Gefühle sind demnach kein hervortretendes Merkmal der Träume. Träumer verhalten sich zwar manchmal neutraler als man erwarten würde, aber wenn sie gefühlsmäßig beteiligt sind, reagieren sie ähnlich wie im Wachen.

# DAS DREHBUCH DER TRÄUME

Träume sind lebensnah, vielfältig und abwechslungsreich und weisen in der Zusammensetzung ihrer Elemente viele Parallelen zum Wachleben auf. Die Verteilungen der Bausteine von spontanen und im Labor erhobenen Träumen stimmen weitgehend überein, wie der Schlafforscher Frederick Snyder schon 1970 in einer ersten größeren Untersuchung gezeigt hat.

## Szenerien und Charaktere

Träume spielen fast immer in irgendeiner Umgebung, nur wenige sind rein gedankenartig oder haben keinen Hintergrund. Die Kulissen bleiben meistens konstant, nur in jedem vierten Traum wechselt

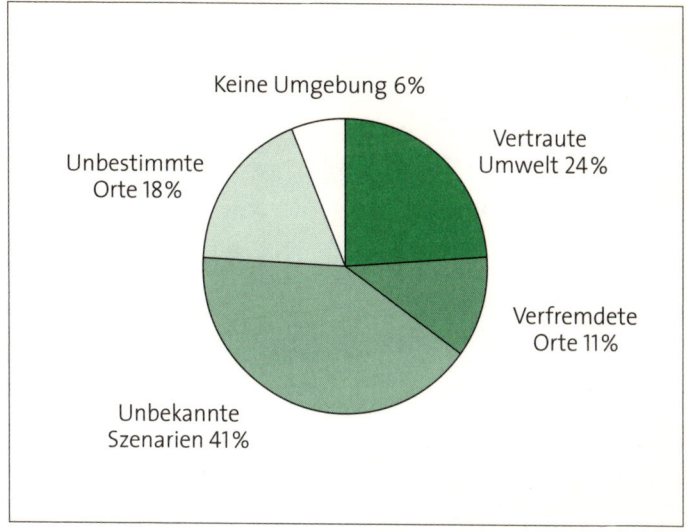

Abbildung 12: Ein Beispiel für den Bekanntheitsgrad von 562 Umgebungen in 500 REM-Träumen von jungen Erwachsenen. Auffällig ist der hohe Anteil fremder und unbestimmter Szenerien.

die Szene, wenn Träumer sich an andere Orte begeben oder sich plötzlich in einer anderen Umgebung befinden. Es finden mehr Träume im Freien als in abgegrenzten Räumen statt, was wohl damit zusammenhängt, dass Träumende meistens in Bewegung sind.

Interessanterweise sind die Traumkulissen häufig fremde Räume oder unbekannte Landschaften, erst an zweiter Stelle steht das vertraute Ambiente. Hinzu kommt, dass Szenerien nicht genau bestimmbar sein können, beispielsweise, wenn ein Träumer sich »irgendwo auf irgendeinem Schiff« befindet. Eine Besonderheit der Träume sind verfremdete Orte, die teilweise bekannt, aber verändert sind, wenn beispielsweise in der eigenen Wohnung die Räume anders aufgeteilt sind oder auf dem bekannten Dorfplatz eine Zollstation eingerichtet ist. Hier fügt der Träumer Elemente zusammen, die

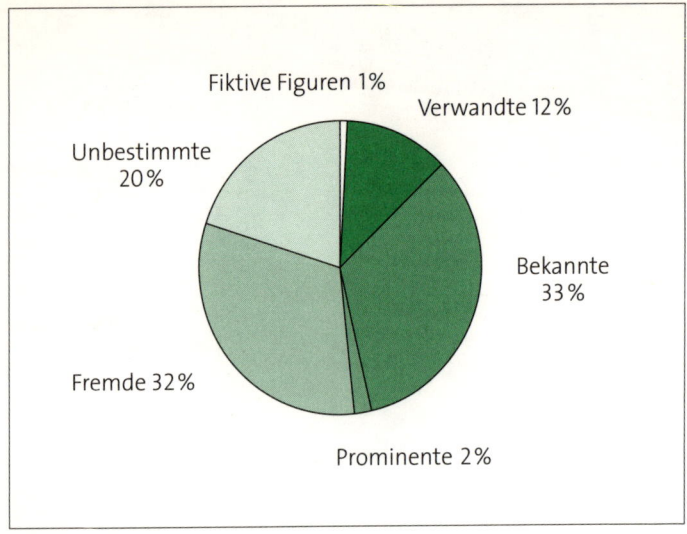

Abbildung 13: Ein Beispiel für den Bekanntheitsgrad von 1356 Personen in 500 REM-Träumen von jungen Erwachsenen. Bekanntheit und Fremdheit sind zusammen genommen annähernd gleich verteilt.

im Gedächtnis nicht miteinander verbunden sind. Im Gegensatz zum Wachen realisiert man im Traum meist nicht, dass man sich in einer fremden Umgebung aufhält und erkundigt sich auch nicht danach, wo man gerade ist.

Träumende sind mit Menschen zusammen, die sie kennen, mehr mit Bekannten und Freunden als mit nahen Familienangehörigen. Sie begegnen aber ebenso oft fremden Menschen oder nehmen Personen wahr, die unbestimmt und schattenhaft sind. Nur gelegentlich tauchen prominente Persönlichkeiten aus den Medien oder fiktive Charaktere in Träumen auf.

Auf die Träume bezogen, treten bekannte und fremde Menschen am häufigsten gemeinsam auf, in jedem dritten sind Träumer nur von Fremden umgeben und nur in jedem vierten sind sie ausschließ-

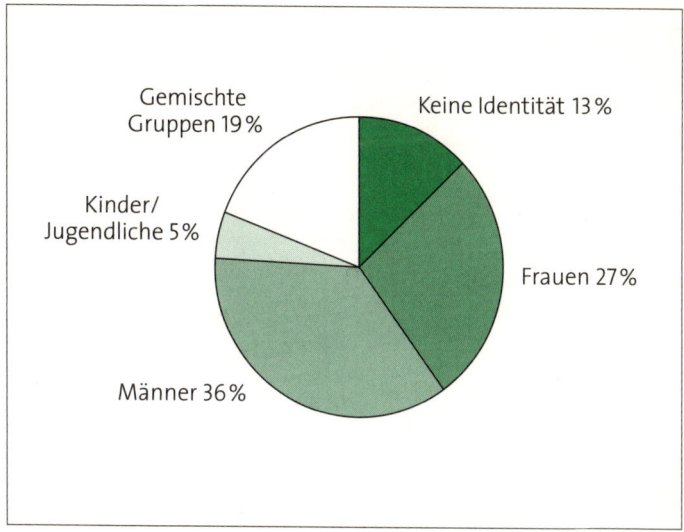

Keine Identität 13 %

Gemischte
Gruppen 19 %

Kinder/
Jugendliche 5 %

Frauen 27 %

Männer 36 %

Abbildung 14: Ein Beispiel für die Identität von 1356 Charakteren in 500 REM-Träumen von jungen Erwachsenen. Männliche Traumpersonen stehen in der Häufigkeit an erster Stelle.

lich mit vertrauten Menschen zusammen. Fremde und unbestimmte Personen sind kein besonderes Traummerkmal, da man auch im Alltag viele unbekannte Menschen flüchtig sieht, etwa im Bus oder auf der Straße. Auffällig ist nur, dass, wie bei den Szenerien, dem Träumer Menschen fremd bleiben können, wenn er länger mit ihnen zusammen ist.

In Träumen von jungen Erwachsenen kommen jüngere Personen nur selten vor, Männer und Frauen sowie Gruppen beiderlei Geschlechts bewegen sich auf der Traumbühne. Männer sind stärker vertreten als Frauen, was unter anderem damit zusammenhängt, dass Berufsangehörige wie Polizisten, Beamte oder Ärzte vorwiegend als Männer auftreten. Der Einzug der Frauen in die wache Berufswelt wird offensichtlich in Träumen noch nicht berücksichtigt.

Hinzu kommt, dass in den Träumen von Männern männliche Traumcharaktere besonders häufig vertreten sind (**Individuelle Unterschiede in Träumen**).

S. 106

Auch Tiere sind im Drehbuch der Träume vorgesehen, sie übernehmen in rund jedem zehnten Traum eine Rolle, treten aber gegenüber Menschen in den Hintergrund. Hunde und Katzen kommen neben anderen Tieren aus dem Alltag am häufigsten vor. Sie begleiten die Träumer oder sind eher neutral in die Szene integriert. Von exotischen Tieren wird eher selten geträumt und auch Schlangen, ein beliebtes Sexualsymbol in der Traumdeutung, fanden Hall und Van de Castle in den tausend Träumen ihrer Normstichprobe nur dreizehnmal.

## Aktivitäten und soziale Interaktionen

Träume sind überaus aktionsreich und weisen ein breites Spektrum von Bewegungen und Kommunikationen mit der Umwelt auf. Weniger als zehn Prozent der Träume präsentieren sich nur als Standbilder.

Traumfiguren führen an Ort und Stelle verschiedene Aktivitäten aus, wenn sie kochen oder basteln; sie bewegen sich gehend oder laufend fort, benutzen aber auch alle möglichen Verkehrsmittel. Ganz wesentlich sind Gespräche, sie werden in der überwiegenden Mehrzahl der Träume geführt. Die Gespräche sind konkret, persönlich und meist auf den Alltag bezogen, sie kreisen um den Haushalt, alle möglichen Unternehmungen und Beziehungen. Interessanterweise wird in Träumen selten über den Beruf, aktuelle Tagesthemen, das Wetter oder die Politik gesprochen.

Wie im wachen Leben dient Sprache im Traum der Kommunikation, Träumende halten keine Monologe, sondern sind in ausgewogener Weise Sprecher oder Zuhörer. Die Partner der Gespräche sind überwiegend Bekannte, Freunde und Familienangehörige, mit Fremden wird im Traum weniger oft geredet.

Mehrere Untersuchungen haben zudem ergeben, dass die sprachlichen Äußerungen im Traum formal und inhaltlich der Situation angemessen sind, bizarre oder unverständliche Rede ist überaus selten. Das zeigte sich auch in einer Studie mit zweisprachigen Menschen, die wir gemeinsam mit Nancy Kerr und David Foulkes durchführten und an der Probanden teilnahmen, deren Muttersprache deutsch ist, die aber in Atlanta leben, und umgekehrt solche mit englischer Muttersprache, die in Zürich wohnen und vorwiegend Deutsch sprechen. In je vier Nächten weckten wir sie aus dem REM-Schlaf, und an zwei von vier Abenden fand der gesamte Versuch jeweils in der einen oder anderen Sprache statt. Im Anschluss an einen Traumbericht fragten wir nach der Art der Sprachbeteiligung und am Morgen nach der Angemessenheit der Sprachwahl. Die Probanden setzten im Traum die »richtige« Sprache ein: Wenn sie beispielsweise einem Menschen begegneten, mit dem sie im Wachen nur englisch sprechen, dann fand auch die Traumunterhaltung in Englisch statt.

Aggressive Interaktionen kommen in spontanen Träumen, die insgesamt gesehen dramatischer sind, häufiger vor als in Laborträumen. Hall und Van de Castle kodierten in rund jedem zweiten Traum unfreundliche Interaktionen, die sich jedoch mehr in verbaler Form als in körperlicher Gewaltanwendung äußerten. Träumer und Träumerinnen waren an den Aggressionen meist beteiligt, allerdings häufiger in der Rolle der Angegriffenen.

In REM-Träumen ist der soziale Austausch verhaltener, da Kommunikationen neutraler ablaufen, beispielsweise wenn ein Träumer sich auf einer Wanderung mit Freunden über irgendetwas unterhält. Nur jeder vierte REM-Traum geht mit Aggressionen einher und die schwächeren Formen von leiser Kritik oder Vorwürfen stehen deutlich im Vordergrund, wobei Träumende häufiger aktiv als passiv an Unfreundlichkeiten beteiligt sind.

Freundlichkeiten kommen in vier von zehn Träumen vor, meist in Worten und weniger in Form von Hilfeleistungen oder gar großzügigen Geschenken. Das Verhältnis von Austeilen und Empfangen von Freundlichkeiten ist bei den Träumenden ausgeglichen. Im Gegensatz zum Wachen fehlen in Träumen weitgehend Höflichkeitsrituale, wie freundliche Begrüßungen, Erkundigungen nach dem Wohlbefinden oder gute Wünsche beim Verabschieden, sonst wäre der Anteil von Freundlichkeiten höher, weil in Träumen viele Begegnungen stattfinden.

Sexuelle Aktivitäten kommen in Träumen, die für die Forschung erhoben werden, nur selten vor. Das mag daran liegen, dass solche intimen Erlebnisse in der Versuchssituation vielleicht schon während des Träumens unterdrückt oder bei der Berichterstattung weggelassen werden.

## Rolle des Traum-Ich und Themen

Das Ich nimmt an den meisten Träumen teil, in weniger als zehn Prozent befinden sich nur andere Personen auf der Traumbühne.

Die Rollen der Träumer kann man auf den sozialen Kontext beziehen und in Stufen einteilen, die von der Abwesenheit des Ich bis zu seiner Interaktion mit der Umwelt reichen. Die Vielfältigkeit der Rollen ist in Abbildung 15 veranschaulicht. Auch wenn Träumer manchmal nur Zuschauer sind, sich allein mit etwas beschäftigen oder gemeinsam mit anderen etwas unternehmen, am häufigsten sind sie und andere Traumpersonen handelnd aufeinander bezogen. Hier wird der kommunikative Charakter der Träume besonders deutlich.

Die Vielfalt der Traumthemen ist unbegrenzt und umfasst den ganzen Lebensbereich. Träumer flüchten jedoch nicht in phantastische Welten und sind nicht ständig auf Traumurlaub. Drei von vier Träumen greifen alltägliche Situationen auf, nahezu jeder vierte Traum ist der Freizeit zuzuordnen, und nur ganz wenige Träume beziehen sich auf fiktive Themen, die auf Filme oder Literatur zurückgehen.

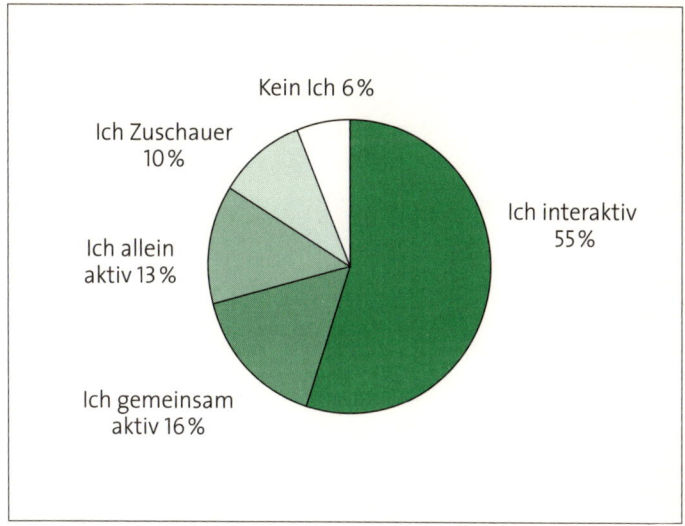

Abbildung 15: Die Ich-Aktivität in 207 REM-Träumen von jungen Erwachsenen. Hier wurde die höchste Stufe kodiert, die in einem Traum jeweils erreicht wurde.

Die Alltagssituationen umfassen in erster Linie den häuslichen Bereich, den vertrauten Lebensraum, aber auch die Laborsituation. Interessanterweise wird erst an vierter Stelle vom beruflichen Umfeld geträumt. In den Freizeitträumen stehen alle möglichen Arten von Geselligkeit und Muße im Vordergrund, gefolgt von verschiedenen sportlichen Aktivitäten und Reisen in nahe und ferne Länder.

Hall und Van de Castle fanden in spontanen Träumen wenig Glücksfälle, doch erlitten Träumer und andere Personen in jedem dritten Traum kleinere Missgeschicke oder Behinderungen, für die sie nicht verantwortlich waren. Auch Erfolge oder Misserfolge aufgrund eigener Bemühungen traten nur in einem von zehn Träumen auf.

In Traumbüchern liest man immer wieder, dass Menschen häufig von Metamorphosen, Fliegen, nicht von der Stelle kommen oder Zahnausfall träumen. Solche ungewöhnlichen Phänomene finden sich jedoch nur vereinzelt in Sammlungen von spontanen Träumen und REM-Träumen.

In einer eigenen Untersuchung kam es in 500 REM-Träumen fünfmal vor, dass eine Traumfigur sich verwandelte, viermal konnten Träumer fliegen und einmal verlor ein Träumer zwei Zähne in der Laborsituation. Diese Themen gehören demnach nicht zum Traumalltag, sie werden aber wegen ihrer Besonderheit gut behalten.

# DER REALISMUS UND DIE BIZARRHEIT DER TRÄUME

## Realitätsbezug

Im Grunde genommen sind alle Träume irreal, weil sie uns während des Schlafs in eine fiktive Welt versetzen. Dennoch kann man den Wirklichkeitsbezug der Träume beschreiben, weil Träumende ihre im Gedächtnis liegenden Erfahrungen in realistischer, erfinderischer oder phantastischer Weise zusammenfügen können.

Schon Sigmund Freud hat in seinen *Vorlesungen zur Einführung in die Psychoanalyse* auf die Spannbreite des Realitätsbezugs der Träume hingewiesen, wenn er schreibt:

>»Träume können ganz sinnvoll sein oder wenigstens kohärent, ja sogar geistreich, phantastisch schön; andere wiederum sind verworren, wie schwachsinnig, absurd, oft geradezu toll.« (1969, S. 108)

Künstler wurden vor allem von den phantastischen Träumen angeregt, wie beispielsweise ein Gemälde von Rousseau veranschaulicht, in dem er eine Träumerin mit einer Phantasiewelt umgeben hat.

In der modernen Traumforschung sind die Meinungen darüber geteilt, ob Träume in erster Linie als wirklichkeitsbezogen oder phantas-

Abbildung 16: Das Gemälde »Le rêve« von Henri Rousseau (1844–1910), das die phantastische Natur des Traums hervorhebt. Er selbst schrieb dazu: »Diese schlafende Frau auf dem Sofa träumt, dass sie in den Wald gebracht wurde. Sie hört die Klänge des Instruments des Zauberers.«

tisch-bizarr zu definieren sind. Der Schlafforscher Allan Hobson bezeichnet Bizarrheit als das prägnanteste Merkmal und bezieht sich damit auf das Besondere am Traum. Demgegenüber hebt Frederick Snyder das Typische hervor, wenn er feststellt, dass Träume in erster Linie glaubwürdige lebensnahe Ereignisse darstellen und bizarre Träume vergleichsweise selten sind. Empirische Untersuchungen auf breiter Basis haben weitgehend die Aussage von Snyder bestätigt, auch wenn es immer wieder Träume gibt, die durch ihren bizarren Charakter auffallen.

Den Wirklichkeitsgehalt der Träume kann man global einschätzen auf einer Dimension, die von realistisch bis phantastisch reicht. Träume sind als *realistisch* anzusehen, wenn es sich auch um ein Geschehen im Wachen handeln könnte. Sie werden als *erfinderisch* eingestuft, wenn sie vertraute Erfahrungen in ungewöhnlicher, aber gleichwohl sinnvoller Weise zusammenstellen. Als *teils phantastisch* werden sie bewertet, wenn wirklichkeitsnahe und bizarre Elemente nebeneinander stehen und als *phantastisch*, wenn ein Bezug zur Wachwelt fehlt.

Einige Beispiele sollen diese Varianten des Realitätsbezugs veranschaulichen. Ein junger Mann erinnerte sich im Schlaflabor nach dem ersten Wecken an einen typisch realistischen Traum:

> »Ich bin durch die Stadt gelaufen in Chur und habe eine Frau getroffen, die aus dem Bus ausgestiegen ist und dann habe ich mich auf ein Bänkchen gesetzt. Die Frau setzt sich neben mich, sie hatte einen Kinderwagen bei sich und das Kind schrie die ganze Zeit und schrie und schrie, und dann sagte sie, sie ginge weg mit dem Kind, das ginge ja nicht so weiter mit dem Lärm, und sie ging dann auch.«

Der Träumer trifft in bekannter Umgebung eine fremde Frau, die sich sozial angepasst verhält, indem sie sich mit dem schreienden Kind entfernt. Der Traum skizziert eine Alltagssituation, in der sich der Träumer zwar in letzter Zeit nicht befand, die er aber durchaus erleben könnte.

Schon weitaus freier gestaltete eine junge Frau ihren Traum aus der fünften REM-Phase:

> »Ich stand gerade an einem eisernen Gartenzaun mit so Spitzen, da habe ich ganz verschiedene kleine Sachen aufgehängt an einer kleinen Schlaufe. Es war unter anderem ein Teil von einem Uhrenbändchen, eine kleine Uhr, es war alles alt und schmuddelig, nichts Wertvolles. Und ich habe mit einem Kollegen zusammen das kleine Zeug so angesehen und gesagt, vielleicht verpassen wir deswegen wahnsinnig viel in unserem Leben, weil man sich um so viel Kleinkram kümmern muss.«

Die einzelnen Elemente dieses Traums sind alle wirklichkeitsgetreu, ungewöhnlich ist aber die Handlung der Träumerin. Sie könnte sich zwar im täglichen Leben mit ihrem Kollegen über die verlorene Zeit unterhalten, aber sie würde wohl nicht – obwohl es denkbar wäre – die Gegenstände, die dieses Thema übrigens treffend symbolisieren, an einem Gartenzaun aufhängen. Hier zeigt sich die erfinderische Gestaltung des Traums, die noch nicht phantastisch, sondern eher spielerisch wirkt.

Teilweise phantastisch ist hingegen der Traum eines Studenten, der aus der dritten REM-Phase stammt:

> »Ich war einer von denen, die eine neue Autobahnbrücke geplant hatten, aber bei der Belastungsprobe ist sie zusammengefallen. Und ganz in der Nähe hoch oben am Berg war so eine Küche und ich habe dort gefrühstückt zusammen mit der Putzfrau und einem Rentner. Und wir mussten sehr aufpassen, dass man dort nicht herunterfällt, und ich bin ein paar Meter heruntergerutscht, konnte mich aber an einem Gebüsch noch festhalten und heraufkraxeln.«

Ein Frühstück mit zwei bekannten Personen, die in das berufliche Umfeld gehören, könnte auch im wachen Leben des Träumers stattfinden, aber im Traum befindet sich die Küche merkwürdigerweise in überaus unsicherer Position auf einem Berghang, und der Träumer ist im Gegensatz zur Realität ein erfolgloser und wenig standfester Brückenbauer.

Der REM-Traum eines anderen Studenten ist hingegen als durchgehend phantastisch anzusehen:

> »Da haben zwei gerungen, der eine hat etwas verloren, ein kleines Klötzchen, das steckt der andere in den Mund, dann sage ich: ›Jetzt hast du dessen Selbstmordkapsel erwischt, jetzt stirbst du wahr-

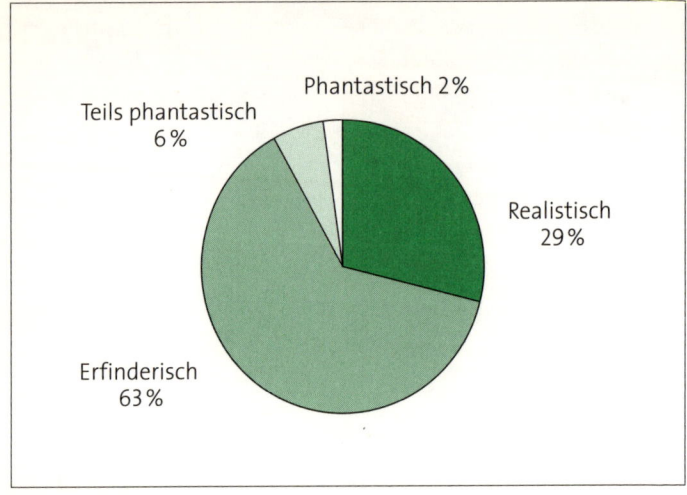

Abbildung 17: Die Verteilung von 500 REM-Träumen auf der Dimension realistisch – erfinderisch – phantastisch. Sie zeigt, dass Träume von jungen Erwachsenen in erster Linie erfinderisch sind.

scheinlich mit Krämpfen.‹ Und ich habe ein Messer hingehalten und noch gefragt, ob ich Sterbehilfe geben und zustechen soll. Und irgendwo ist auch ein Bild meines Vaters aufgetaucht.«

Bizarrheit kommt hier zum Ausdruck im merkwürdigen Verhalten des Träumers, das die sozialen Normen verletzt. Bei dem Klötzchen, das einer der Ringenden schluckt, handelte es sich um den Schmierbrocken für einen Geigenbogen und das Bild des Vaters ist in die unbestimmte Szenerie nicht integriert.

Eine globale Einschätzung des Realitätsbezugs von REM-Träumen, die von jungen Erwachsenen erinnert wurden, veranschaulicht in Abbildung 17, dass erfinderische Abwandlungen der Realität an erster Stelle stehen, jeder dritte Traum ist wirklichkeitsnah, während phantastische Träume eher selten anzutreffen sind.

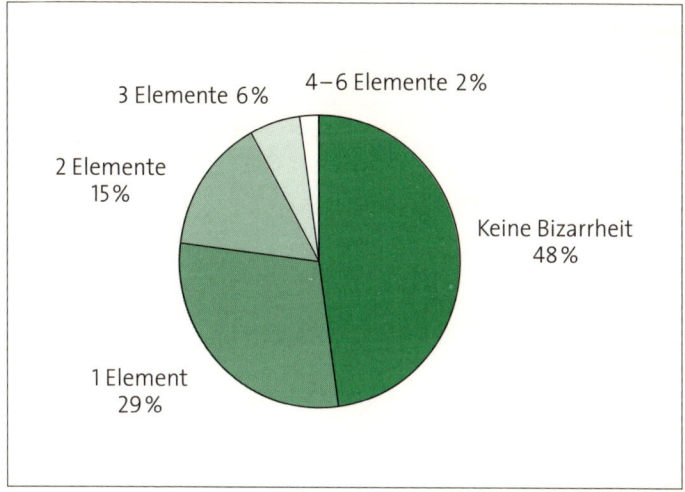

Abbildung. 18: Die Häufigkeit bizarrer Elemente in REM-Träumen von jungen Erwachsenen. Nur jeder zweite Traum enthält bizarre Elemente, die sich aber nur selten in einem Traum verdichten.

## Bizarre Elemente

Man kann globale Einschätzungen des Realitätsbezugs verfeinern, indem man untersucht, wie häufig einzelne bizarre Elemente in Träumen auftreten. Alle Arten von Traumbausteinen können bizarr abgewandelt sein. So ist in den vorangegangenen Beispielen die auf dem Berg platzierte Küche eine bizarre Szenerie, der Schmierbrocken ist ein unpassend eingesetztes Objekt, seine Bezeichnung als Selbstmordkapsel eine bizarre Sprache und die angedrohte Sterbehilfe eine ungewöhnliche Handlung.

Am häufigsten sind in das Traumgeschehen einzelne bizarre Elemente eingestreut, nur jeder zehnte Traum ist vielfach bizarr. In Abbildung 18 ist der Anteil von Träumen ohne Bizarrheit größer als der der realistischen Träume, weil erfinderische Gestaltungen nicht notwendigerweise bizarr sein müssen.

Auf die einzelnen Kategorien bezogen trat Bizarrheit am häufigsten bei Umgebungen und Handlungen auf, während nur selten Personen bizarre Züge aufwiesen. Die Träumenden selbst behielten ihre Identität auch dann, wenn sie in phantastische Ereignisse einbezogen waren.

In Sammlungen von spontanen Träumen sind bizarre Ausgestaltungen häufiger. Dieser Unterschied ist leicht zu erklären: Zu Hause werden phantastische Träume wegen ihrer auffälligen Merkmale leichter erinnert und behalten, es sind sozusagen die Sonntagsträume im Vergleich mit den Alltagsträumen im Schlaflabor. Dies ist auch ein Grund dafür, dass Träumen früher häufiger phantastische Qualitäten zugeschrieben wurden, weil sich Traumforscher damals nur auf solche spontanen Träume stützen konnten.

# DIE TRÄUME IN VERSCHIEDENEN SCHLAFSTADIEN

Im Laufe einer Nacht wechseln verschiedene Schlafstadien einander ab, die sich im Grad der physiologischen Aktivierung deutlich unterscheiden und daher liegt die Frage nahe, ob sie von verschiedenen Arten von Träumen begleitet sind.

## Einschlaferleben

Der Übergang vom Wachen in den Schlaf ist meistens von kurzer Dauer. Die Alphawellen, die für den entspannten Wachzustand kennzeichnend sind, setzen aus und die Hirnströme werden langsamer. Die Anspannung der Muskeln lässt nach, was auch in pendelnden Augenbewegungen zum Ausdruck kommt. In diesem Zustand ist die Weckschwelle noch sehr niedrig, und man kann sich vornehmen, nach kurzer Zeit wieder wach zu werden, um das Erlebte zu erinnern.

Schon Alfred Maury beobachtete seine Einschlaferlebnisse, die er *hypnagoge* (zum Schlaf führende) *Halluzinationen* nannte, weil er davon beeindruckt war, wie deutlich und anschaulich seine Vorstellungen waren.

Herbert Silberer, ein Schüler von Sigmund Freud, hat als Erster das Einschlaferleben psychologisch gedeutet und verschiedene Arten der Symbolbildung beschrieben. Er stellte fest, dass während des Einschlafens sich häufig Gedanken in Bilder umsetzen, wie ein typisches Beispiel veranschaulicht:

»Abends im Bette liegend, denke ich daran, dass ich in einem Aufsatz, den ich geschrieben, eine Stelle werde verbessern müssen. Bei dieser Erwägung umfängt mich der Schlummer und es stellt sich die halluzinierte Szene ein: ich bin damit beschäftigt, ein Stück Holz glatt zu hobeln. Sogleich gerate ich wieder in den Wachzustand und gebe mir Rechenschaft oder Deutung: Das Glatthobeln des Holzes ist ein Bild für das Vorhaben, an das ich dachte; es entspricht dem Ausfeilen der holprigen Stelle meines Aufsatzes.« (1919, S. 11).

Er beobachtete auch, dass körperliche Vorgänge anschaulich dargestellt werden und bringt als Beispiel, dass die Bewegungen des Brustkorbs beim Atmen die Vorstellung hervorriefen, mit jemandem zusammen einen Tisch in die Höhe zu heben. Ganz besonders interessierte sich Silberer für die so genannte Schwellensymbolik, die das Einschlafen selbst zum Ausdruck bringt. Charakteristische Bilder des Einschlafens sind das Eintreten in ein Haus, einen Wald oder ein finsteres Tal, das Abfahren eines Zugs oder das Überschreiten einer Brücke.

Bei diesen älteren Untersuchungen blieb offen, ob die erinnerten Vorstellungen noch aus dem entspannten Wachzustand oder schon aus der Einschlafphase stammten. Erst aufgrund begleitender EEG-

Messungen war es möglich, Wachphantasien von Einschlafträumen abzugrenzen.

In mehreren Untersuchungen leitete man die Hirnströme während des Einschlafens ab und weckte die Probanden, nachdem das EEG-Stadium 1 eingesetzt hatte, um sie über ihr Erleben zu befragen. Zusätzlich bat man sie, eine Taste zu drücken, wenn sich hypnagoge Phänomene einstellten.

Ein auffälliges Merkmal der Einschlaferlebnisse ist ihr plötzliches Auftreten verbunden mit dem Gefühl, sie nicht steuern zu können. Es tauchen in lockerer Folge Bilder oder Gedanken auf, die aber flüchtig sind und mit einer gewissen neutralen Distanz erlebt werden. Sie sind, wie im folgenden Beispiel, eher ungeordnet:

> »So gelbe Fransen hab ich gesehen, dann Besen, Amerika, dann ist die italienische Flagge darin vorgekommen. Und dann hab ich gedacht, hoffentlich weckst du mich jetzt gerade nicht.«

Gerald Vogel, David Foulkes und Harry Trosman untersuchten das ganze Spektrum des Einschlafvorgangs vom entspannten Wachzustand bis zum Einsetzen von Schlafstadium 2. Sie beschrieben auf der Seite des Erlebens verschiedene Phasen. Zunächst kann das Ich bis zu einem gewissen Grad auftauchende Bilder steuern und der Kontakt mit der Außenwelt ist noch vorhanden. In einer zweiten Phase beobachtet das Ich die Phänomene, erlebt sie aber noch nicht als Traum. Erst in der dritten Phase ist der Realitätsbezug aufgehoben und das Ich ist ganz in das Traumgeschehen einbezogen.

Die hypnagogen Halluzinationen kann man als *kleine* Träume bezeichnen, die noch wenig differenziert und szenisch kaum ausgestaltet sind.

Die Psychologin Ann Faraday rät Menschen, die ihre Erlebnisse beim Einschlafen beobachten möchten, auf dem Rücken zu liegen, einen Arm auf den Ellenbogen gestützt locker hoch zu halten und die

Augen zu schließen. Setzt der Schlaf ein, fällt der Arm herunter, man wacht auf und kann dann versuchen, sich an das zu erinnern, was einem gerade vorher durch den Kopf gegangen ist.

## Träume im Non-REM-Schlaf

Um die Inhalte von Non-REM-Träumen zu untersuchen, wurden Schläfer in erster Linie aus dem EEG-Stadium 2 geweckt, das die Hälfte der Schlafzeit einnimmt. Weckungen aus dem Tiefschlaf macht man seltener, weil hier die Traumerinnerung meistens blockiert ist. Aber auch bei jedem dritten Wecken aus dem Schlafstadium 2 muss man damit rechnen, dass Probanden sich nicht an den Traum erinnern, weil der Zugriff auf das Erlebte erschwert ist.

Allgemein gesehen sind Träume aus dem Non-REM-Schlaf eher statisch und bruchstückhaft. Sie enthalten aber anschauliche visuelle Vorstellungen und akustische Phänomene, die häufig mit Gedanken durchmischt sind, wobei die Inhalte oft an das Wachleben anknüpfen.

Der folgende Bericht einer Frau ist typisch für diese Merkmale. Sie wurde geweckt, nachdem in der zweiten Nachthälfte das Schlafstadium 2 dreißig Minuten lang gedauert hatte:

»Prüfungspläne, Prüfungspläne setzen sich eben um bei mir. Das ist alles Schule. Da war wieder so ein Riesenplan eingeteilt, ich konnte ihn gar nicht erkennen mit vielen Zahlen; habe überlegt und dann ist mir eingefallen Prüfungsplan! Sofort war der mir ganz geläufig, obgleich er sinnlos war, denn er war in Felder eingeteilt von vorn bis hinten genau gleichmäßig und es war letztlich außer Zahlen nichts drauf zu erkennen. Ich fand das völlig in Ordnung, habe ihn keineswegs schwierig gefunden.«

Die Traumerinnerung enthält nur ein visuelles Element »Prüfungsplan«, um das die Überlegungen der Träumerin kreisen. Das Thema ist auf den Vortag bezogen, an dem sie sich mit Prüfungsplänen beschäftigt hatte.

Aber nicht alle Non-REM-Träume weisen diese typischen Merkmale auf, sie können, vor allem in der zweiten Nachthälfte, auch ausführlicher und dynamischer sein, das Ich kann aktiv involviert sein und sie können bizarre Elemente enthalten, das heißt, das Erleben im Non-REM-Schlaf ist nicht auf einen einfachen Nenner zu bringen.

## Vergleich von Träumen aus verschiedenen Schlafstadien

Der amerikanische Traumforscher Lawrence Monroe hat mit seinen Kollegen untersucht, ob man erkennen kann, aus welchem Schlafstadium ein Traumbericht stammt. Mehrere Beurteiler erhielten eine Zusammenstellung von jeweils zwei Träumen und sollten entscheiden, welcher aus dem REM-Schlaf und welcher aus Stadium 2 stammt. Richtige Zuordnungen gelangen ihnen am besten bei Paaren, die von demselben Träumer berichtet wurden, die in derselben Nacht erhoben wurden und die zudem zeitlich nahe beieinander lagen. Am folgenden Beispiel kann man eine solche Zuordnung nachvollziehen.

Eine Frau, die um 4 Uhr morgens aus Stadium 2 geweckt wurde, das eine knappe Stunde lang gedauert hatte, berichtete:

»Die Lehrerin meiner Tochter ging in der Schule einen riesigen Treppenflur herauf, mehrere Stockwerke hoch. Sie hatte einen roten Bademantel an mit schwarzen Mustern, so spinnenartig, wie fünf Finger. Oben hat sie irgendein Kind geholt, dann ging sie die Treppe herunter an mir vorbei. Ich ging dann noch ans Geländer und sah ihr nach bis sie unten war, zur Haustür raus ging über den Schulhof bis auf die Straße.«

Eine Stunde später wurde sie aus einer zwanzig Minuten langen REM-Phase geweckt und erinnerte sich an folgenden Traum:

»Mein Mann und ich sind in die Schweiz gefahren und essen gegangen in ein Restaurant. Da gab es sauren Hering, den haben wir uns bestellt, die waren so gerollt, ganze Platte voll und oben Mayonnaise drüber gestrichen. Und das haben wir alles aufgegessen und sind dann wieder ins Auto gesessen, nach Hause gefahren. Und unten an der Haustür habe ich nach oben geguckt und gesagt: ›Ich glaube Mutter ist nicht da, sie hat alle Fenster zu.‹ Und indem kommt meine Mutter und sagt ganz gerötet und erregt: ›Wo seid ihr jetzt gewesen, es ist ja fürchterlich, immer muss man auf euch warten.‹ Und da sagt mein Mann: ›Na, na, das ist ja nicht so schlimm.‹ Und da sagt sie: ›Na warte, kommt mal nach oben.‹ Und dann ist sie die Treppe herauf und wir beide haben uns bloß so angeguckt.«

Der Non-REM-Traum stellt eine Episode dar, bei der die Träumerin nur neutrale Beobachterin ist. Der REM-Traum ist doppelt so lang und szenisch ausgestaltet und die Träumerin ist handelnd und sprechend am Geschehen beteiligt. Beide Träume enthalten jedoch ein bizarres Element: Im ersten Traum ist die Bekleidung der Lehrerin ungewöhnlich und im zweiten Traum ergab die Befragung, dass die Umgebung aus einer Vermischung von drei verschiedenen Wohnorten bestand. Bei diesem Beispiel fällt die richtige Zuordnung leicht aufgrund der größeren Lebendigkeit des REM-Traums.

David Foulkes hat mit seiner Mitarbeiterin Träume aus der Einschlafphase, aus Stadium 2 und dem REM-Schlaf systematisch verglichen. Sie unterteilten die Berichte in Handlungseinheiten und bestimmten für jedes Segment, ob das Traum-Ich oder andere Personen beteiligt waren und in welcher Umgebung sie sich befanden. Erwartungsgemäß unterschieden sich die drei Klassen in ihrem Umfang: REM-Träume waren viermal länger als die Erlebnisse in den beiden anderen Stadien. Sie zeigten darüber hinaus im Verlauf auch eine größere Kontinuität der Szenerien und Personen. Träume im Stadium 2 enthielten weniger Traumfiguren und das Traum-Ich war häufiger unbeteiligt, sie kamen dem Einschlaferleben näher als den REM-Träumen.

Um zu überprüfen, welchen Einfluss der Umfang der Träume auf ihre Reichhaltigkeit hat, wählten die Forscher Traumpaare gleicher Länge aus den drei Schlafstadien aus. Sie konnten zeigen, dass bei vergleichbarer Länge die Unterschiede zwischen den Träumen aus verschiedenen Schlafstadien weniger prägnant sind mit der Ausnahme, dass REM-Träume auch hier mehr Ichbeteiligung zeigten als Einschlafträume und stärker belebt waren als Non-REM-Träume.

Träume aus REM- und Non-REM-Stadien unterscheiden sich in erster Linie in Häufigkeit und Umfang der Erinnerung. REM-Träume werden besser und ausführlicher erinnert. Inhaltliche Unterschiede verwischen sich, wenn man Berichte mit gleicher Länge gegenüberstellt. Dabei ist festzuhalten, dass Träume aus allen Schlafstadien bizarr und emotional oder alltäglich und neutral sein können.

Der Traumforscher John Antrobus vertritt die Ansicht, dass alle Träume einer Nacht nach denselben Regeln generiert und gespeichert werden und nur unterschiedlich gut abrufbar sind. Non-REM-Träume seien deshalb kürzer, weil es schwerer ist, sie in den Wachzustand zu überführen. David Foulkes betont ebenfalls die Bedeutung der Erinnerungsfähigkeit, er meint aber, es sei noch nicht entschieden, ob die unterschiedliche Aktivierung der verschiedenen Schlafstadien sich nicht auch in bestimmten Merkmalen des Traumerlebens niederschlägt.

## Träume einer Nacht

Welchen natürlichen Zusammenhang die Träume einer Nacht haben, kann man eigentlich nicht herausfinden, weil man den Schlaf unterbrechen muss, um eine Traumserie zu erhalten. Das mehrfache Wecken bringt die Einschränkungen mit sich, dass Träume nicht ihr natürliches Ende finden und dass das Erzählen eines Traums mit dem damit verbundenen Wachsein die nachfolgenden Träume beeinflussen kann.

Der amerikanische Schlafforscher William Dement hat zusammen mit seinem Kollegen Edward Wolpert als Erster den Zusammenhang von REM-Träumen einer Nacht untersucht. Kontinuierliche Zusammenhänge oder übergreifende Ähnlichkeiten waren überaus selten, kein einziger Traum wiederholte sich wörtlich und die aufeinander folgenden Träume entwickelten sich auch nicht wie ein Fortsetzungsroman. Jeder Traum stellte ein in sich abgerundetes Drama dar, wobei jedoch einzelne Elemente Querverbindungen zu anderen, oft benachbarten Träumen zeigten. So konnte der Ort der Handlung bestehen bleiben, obwohl die Ereignisse einen völlig anderen Ablauf nahmen, am Rande stehende Kleindetails tauchten in anderem Zusammenhang wieder auf oder Träume wiederholten sich in den beteiligten Gefühlen. Nur in jeder fünften Serie von Träumen einer Nacht wurde ein und dasselbe Thema variiert.

Auch die Frage, ob REM-Träume mit zunehmender Schlafzeit traumartiger werden und sich von wachnäheren Themen zu phantasievollen Neuschöpfungen entwickeln, kann nicht positiv beantwortet werden. Der amerikanische Traumforscher Milton Kramer überprüfte mit seinen Mitarbeitern, ob man aus den REM-Träumen einer Nacht ihre Abfolge erkennen kann. Drei Beurteiler erhielten fünfzig Traumserien von je drei, innerhalb der Serie zufällig gemischten Träumen mit der Aufgabe, sie in die richtige Reihenfolge zu bringen. Dieser Zuordnungsversuch misslang, in den Träumen einer Nacht war offensichtlich keine Verlaufsgestalt zu erkennen.

Aus mehreren Arbeiten ist abzuleiten, dass sukzessive Träume einer Nacht in ihren Inhalten und im dynamischen Ablauf konstant, beweglich oder wechselnd sein können. Auf der einen Seite gibt es

Serien, die um ein Leitmotiv zentriert sind, wenn etwa das Thema »Mutter – Kind« sich wie ein roter Faden durch alle Träume zieht. Auf der anderen Seite findet man Serien, in denen jeder Traum für sich allein zu stehen scheint und keine Verbindung zu den anderen Träumen aufweist. Zwischen diesen beiden Extremen kommen alle möglichen Mischformen vor. Träume einer Nacht können durch Zäsuren getrennt sein, sich als Rahmenhandlung aufbauen, benachbart sein oder sich springend durch gemeinsame Elemente verbinden, die wiederum im Mittelpunkt oder am Rand stehen können.

Diese Analysen beziehen sich auf den erinnerten, manifesten Traum, doch man kann davon ausgehen, dass eine tiefenpsychologische Deutung weitere Zusammenhänge der Träume einer Nacht aufdecken kann. Kramer und seine Mitarbeiter fanden hier auf der einen Seite progressive Traumserien, in denen sich die unbewussten Triebwünsche stufenweise entfalteten und Konfliktlösungen entwarfen, die Ausgangspunkt für den nächsten Traum waren. Auf der anderen Seite standen stagnierende Traumserien, die beispielsweise um einen Grundkonflikt der Vereinsamung kreisten und keine Lösung erkennen ließen.

# DIE QUELLEN DER TRÄUME

Die Quellen der Träume liegen in unserem Gedächtnis. Träumende wählen aus ihrem Wissen und ihren vielfältigen Erfahrungen Nacht für Nacht verschiedene Elemente aus und fügen sie zu neuen Erlebnissen zusammen. F. W. Hildebrandt hat 1875 ein Buch über den Traum veröffentlicht, in dem er diese Auswahl im Stil seiner Zeit treffend beschrieben hat:

> »Was der Traum auch irgend biete, – er nimmt das Material dazu aus der Wirklichkeit, und aus dem Geistesleben, welches an dieser

Wirklichkeit sich abwickelt. Freilich pflegt er nur Bruchstücke der-selben aufzugreifen und mosaikartig zusammenzufügen oder ka-leidoskopisch untereinander zu werfen. Er zupft aus dem Teppich des Lebens einzelne Fäden aus, – oft die feinsten, verstecktesten und unscheinbarsten, um sie in ein buntes und lockeres Gewebe nach seiner Art zu verflechten, und übt dabei allerlei Licenzen, wel-che der Wirklichkeit und ihrer Logik in's Angesicht schlagen. ... Aber wie wunderlich er's damit treibe, er kann doch eigentlich niemals von der realen Welt los, ... von dem, was wir äußerlich oder inner-lich bereits erlebt haben.« (1875, S. 10 f.)

Experimentelle Psychologen beschäftigten sich bereits Ende des 19. Jahrhunderts mit der Entstehung der Träume. Sie waren der Auffas-sung, dass alle Träume auf Sinnesreize zurückgehen. Sie unterschie-den äußere Sinneseindrücke, wie Licht oder Donner, physiologische Reize, wie die visuellen Erregungen der Netzhaut und organische Leibreize, wie die Atmung. Psychische Quellen hingegen rückten erst in den Mittelpunkt, nachdem Freud seine *Traumdeutung* veröffent-licht hatte und nachdem feststand, dass Träume den ganzen Schlaf begleiten und nicht erst durch Reize ausgelöst werden.

## Zeitbezug der Traumelemente

Sigmund Freud hat in seinen detaillierten Analysen nachgewiesen, dass jeder Traum Eindrücke des Vortags enthält, die er *Tagesreste* nannte. Mit Hilfe von Assoziationen konnte er belegen, dass Tages-reste mit früheren Lebensereignissen vielschichtig verbunden sind.

Ein Traum einer jungen Frau veranschaulicht, wie komplex solche Datierungen schon bei einem kurzen Traum sein können:

»Ich bin in meiner Wohnung mit Anita und Bruno und bereite ein Essen vor. Bruno nähert sich mir, ich versuche, ihn weg zu schieben.

Dann bin ich mit fremden Leuten auf einer großen Gesellschaft, es werden rote Hüte verteilt. Ich treffe dort Doris und Helene, die mir von ihrem Aufenthalt in einer psychiatrischen Klinik erzählen. Später wird mir klar, dass sich die ganze Szene an einem Ort in England abspielt.«

Die Träumerin beantwortete im Anschluss an den Bericht die Frage, wann sie den einzelnen Traumelementen in der Realität zuletzt begegnet war. Die Personen *Anita* und *Bruno* sind Tagesreste, sie traf die beiden Freunde noch am Vortag. Ein *Essen* bereitete sie zuletzt vor drei Tagen vor, als sie Anita und einen anderen Bekannten eingeladen hatte. *Bruno nähert sich, ich weise ihn zurück* bezieht sich auf einen vier Tage zurückliegenden Vorfall, als allerdings ein anderer Bekannter einen lästigen Annäherungsversuch machte. Die eher unspezifische Situation *fremde Leute auf einer großen Gesellschaft* konnte die Träumerin mit keinem konkreten Erlebnis in Verbindung bringen. Das Element *rote Hüte* hat einen zweifachen Zeitbezug: Sie lieh Anita vor sechs Tagen ihren roten Hut für eine Karnevalsveranstaltung, setzte aber am Vortag einen ähnlich geformten, jedoch andersfarbigen Hut in einem Geschäft zum Spaß auf. Die Bekannten *Doris* und *Helene* sah sie zuletzt vor drei Wochen. Doris war vor zwei Jahren in einer psychiatrischen Klinik, worüber bei dieser Begegnung auch gesprochen wurde. Die Szenerie *England* führt am weitesten in die Vergangenheit der Träumerin zurück, da sie vor zehn Monaten eine Englandreise unternommen hatte.

Tagesreste, Ereignisse der vorangegangenen Woche, mehrere Monate alte Erfahrungen und unbestimmbare Elemente sind in diesem Traum miteinander verbunden. Am weitesten zurück reicht der Ort der Handlung, während die Personen und Gegenstände gegenwartsnäher eingeordnet wurden. Interessanterweise ist der Annäherungsversuch kein Tagesrest, aber indem die Träumerin ihn einer anderen Person zuschrieb, die sie noch am Vortag sah, verknüpfte sie dieses

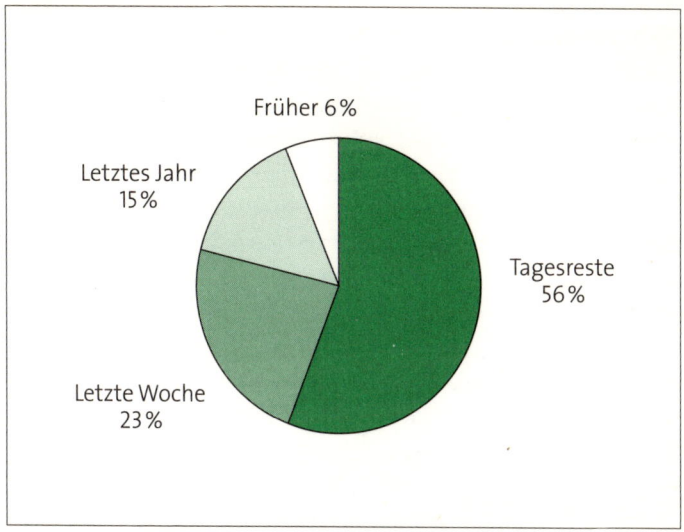

Abbildung 19: Die zeitliche Datierung der Traumelemente aufgrund genauer Befragungen veranschaulicht die dominante Rolle der Tagesreste.

frühere Erlebnis mit einem Tagesrest. Hier zeigt sich, wie freie Träumende mit ihren Erinnerungen umgehen.

Man muss jedoch davon ausgehen, dass Träumende nicht nur konkrete Erlebnisse aufgreifen, sondern auch das, was sie in Gedanken beschäftigt. Darum fragt man bei einer Zeitbestimmung auch, wann sie an die einzelnen Inhalte zuletzt gedacht haben. Auf das Traumbeispiel bezogen kann man sich leicht vorstellen, dass die Träumerin über die unangenehme Annäherung auch in den folgenden Tagen noch nachgedacht hat.

In mehreren Untersuchungen wurden Träumerinnen und Träumer gebeten, die einzelnen Inhalte ihrer Träume zeitlich einzuordnen. Dies gelang ihnen am besten bei Personen, die im Traum eine Hauptrolle spielten, Randpersonen konnten sie häufiger nicht bestimmen. Nur jede zweite Umgebung und jeder dritte Gegenstand hatte zu ihrer Lebenssituation eine zeitliche Beziehung. In Träume gehen offensichtlich viele Elemente ein, die nicht einem konkreten Erlebnis zuzuordnen sind, sondern zum allgemeinen Wissen gehören.

Bei den Trauminhalten, die zeitlich bestimmbar waren, stehen Tagesreste im Vordergrund, wie Abbildung 19 veranschaulicht. An zweiter Stelle kommen Personen, Szenerien oder Gegenstände vor, mit denen die Träumenden in der letzten Woche zu tun hatten, während Inhalte, die sich auf das letzte Jahr oder früher bezogen, eher selten sind.

Wie das Traumbeispiel zeigte, spielen Tagesreste zwar eine wichtige Rolle, bestimmen aber nicht den ganzen Traum, sondern verbinden sich mit Erlebnissen, die Tage, Wochen oder auch viele Jahre zurückliegen können. Letztlich kann man natürlich nicht ausschließen, dass alle Trauminhalte in irgendeiner Weise am Vortag konkret oder in Gedanken aktiviert wurden. Doch dieser Nachweis ist schwer zu erbringen, weil man während eines Tages unendlich viele Eindrücke aufnimmt und einem zahlreiche Dinge durch den Kopf gehen, die man gar nicht alle behalten kann.

## Aufnahme der Vorschlafsituation

Der Einfluss von Ereignissen des Vortags auf den Traum ist besonders gut im Schlaflabor zu beobachten, weil Traumexperimente unter gleichen Rahmenbedingungen ablaufen und für alle Probanden eine neue Erfahrung darstellen. Vorteilhaft für eine Auswertung ist zudem, dass die Versuchsleiter in vieler Hinsicht beurteilen können, ob und in welcher Weise Elemente dieser Situation in den Träumen wiederkehren.

In mehreren Untersuchungen wurde festgestellt, dass häufig Aspekte der Versuchssituation in Träumen aufgegriffen werden. Man kann erwarten, in jedem zweiten bis dritten Traum irgendeinen Hinweis auf das Experiment zu finden. Solche Hinweise können sehr vielfältig sein und sich auf die Umgebung, die beteiligten Personen, die Gegenstände, die Aktivitäten und das eigene Verhalten beziehen. Sie sind wirklichkeitsnah, wenn eine Träumerin sich mit dem Versuchsleiter unterhält oder sich auf dem Weg zum Schlaflabor befindet. Sie sind verfremdet, wenn das Laborbett auf einer Wiese steht oder die Versuchsleiterin eine frühere Lehrerin ist, aber sie können auch symbolisch sein, wenn jemand »Noten schlafen« soll oder Träume als »altes Häkelmuster« auf einer Leinwand aufzieht.

Die experimentelle Situation wird in Träumen sehr persönlich aufgegriffen und man kann erkennen, welche Gedanken und Gefühle die Versuchssituation bei den Probanden ausgelöst hat und wie sie die Eindrücke im Traum unbewusst verarbeiten. Häufige Themen sind Ängste in Zusammenhang mit der gesamten Situation, der Rolle als Versuchsperson, der Beziehung zum Versuchsleiter oder den apparativen Techniken, wie der Traum einer Frau veranschaulicht:

»Es hatte zu tun mit diesem Experiment. Die Umgebung war etwas anders, die Tür hatte sich an der Innenseite verändert. Sie kamen zur rückwärtigen Tür herein und ich sagte: ›Ich bin ganz sicher, dass jemand durch diesen Raum gegangen ist und die Tür mit einer Kette versehen hat.‹ Und Sie sagten: ›Oh ja, das passiert häufig, New York ist sehr übervölkert.‹ «

Dieser Traum, in dem die Umgebung erfinderisch umgestaltet ist, spiegelt deutlich die Angst der Träumerin, hilflos einer Situation ausgeliefert zu sein, in der die Versuchsleiterin keinen Schutz bietet. Befürchtungen vor einem Eingriff in die Intimsphäre wurden häufig auch in Krankenhaus- oder Gefängnisszenen thematisiert.

Die Testsituation wird aber nicht immer in Verbindung mit Ängsten verarbeitet, wie der Traum einer Studentin zeigt:

»Ich bin aus dem Haus gegangen und im Pyjama in der Stadt umherspaziert und dachte, ob ich dich vielleicht sehen würde. Und dann sah ich dich auf dem Fahrrad. Du warst im Morgenrock und warst geschminkt, ganz rote Lippen und rote Backen. Und dann sagte ich, ob ich nicht vielleicht zuerst meine Elektroden ablegen könnte. Und du fandest, das wäre noch eine gute Idee.«

In diesem Traum werden Attribute des Experiments, die Elektroden und die Nachtgewänder, in einen ganz anderen Kontext übertragen, wobei die Versuchsleiterin mit ihrem unpassenden Aussehen und die Träumerin mit ihren Elektroden in der städtischen Umgebung fehl am Platz sind.

Manche Träumer fanden aber andere Lösungen, um der unangenehmen Situation auszuweichen, sie ließen die EEG-Maschine ausfallen oder gingen einfach aus dem Felde, indem sie aufstanden und etwas Vergnüglicheres unternahmen. Auch gelang es Probanden gelegentlich, die abhängige Rolle abzulegen, so schlug eine Träumerin eine fachgerechtere Anbringung der Elektroden vor und eine andere tröstete eine weinende Versuchsperson, während die Versuchsleiterin hilflos daneben stand.

In einer unserer Untersuchungen verbrachten zwanzig Probanden je zwei Nächte im Labor und berichteten 112 REM-Träume, von denen jeder zweite einen Bezug zum Experiment aufwies. Am häufigsten wurde die Versuchssituation in einzelnen Szenen eines Traums aufgegriffen, an zweiter Stelle kamen Träume, die sich als Ganzes thematisch mit dem Experiment auseinander setzten und in rund jedem zehnten Traum waren nur einzelne Elemente des Versuchs in das Traumgeschehen eingebettet. Jeder dritte dieser beeinflussten Träume bezog sich erlebnisgetreu auf die Laborsituation, am häufigsten jedoch waren erfinderische Verarbeitungen.

Die Laborsituation ist mit vielen Eindrücken verbunden, von denen Träumende sehr unterschiedlich angeregt werden können. Sind dagegen die Ereignisse des Vortags spezifischer, dann wäre zu erwarten, dass sie die Träume noch mehr bestimmen. Das bestätigte sich

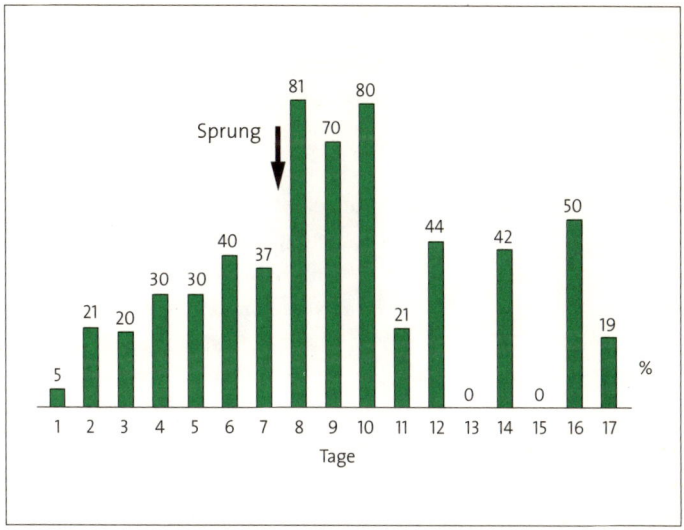

Abbildung 20: Die Häufigkeit von Träumen, die irgendeinen Bezug zum Fallschirmsprung haben, ist vor allem in den drei Nächten nach dem Absprung erhöht.

in einer Untersuchung, in der der Einfluss eines erstmaligen Fallschirmabsprungs auf den Traum untersucht wurde. Dreißig Frauen und Männern, die sich bei einem Tessiner Fallschirm-Sprungzentrum für einen Tandem-Erstabsprung angemeldet hatten, sprachen sieben Tage vor und zehn Tage lang nach dem Absprung morgens ihre spontan erinnerten Träume auf Band. Alle Träume wurden danach bewertet, ob sie einen Hinweis auf das aufregende Erlebnis enthalten, sei es in direkter, erfinderischer oder symbolischer Form.

Schon in der Woche vor dem Absprung kam in jedem dritten Traum das Thema Fallschirmspringen in irgendeiner Form vor. Das bevorstehende Ereignis hat die Gruppe natürlich in ihren Gedanken beschäftigt, ein gutes Beispiel dafür, wie Gedanken im Wachen den Traum prägen können. Der Absprung fand am achten Tag statt und in den drei Nächten danach wurden die meisten Träume erinnert, die sich mit diesem Erlebnis beschäftigten. Das Sprungerlebnis hatte als Tagesrest einen eindeutigen Einfluss auf den Traum. In den folgenden Nächten wurde das Thema Fallschirmspringen nur noch sporadisch in die Träume integriert.

Mehr als die Hälfte der Träume bezogen sich konkret auf das Sprungerlebnis, wie aber der Traum einer Studentin zeigt, wurde das Thema Fallschirmspringen auch erfinderisch umgesetzt:

> »Ich stand unten auf einer Wiese und sah Leute vom Himmel herunter Ski fahren. Also, sie hatten Skier an den Füßen und sind herunter gewedelt, es kam uns alles ganz normal vor. Ich war mit einer anderen Frau und zwei Männern zusammen und wir haben unsere Skier gepackt und uns nach vorne gedrängt auf einen Sessellift, sind dort in den Himmel hinaufgefahren, um auch herunterzuwedeln.«

Zusammenfassend ist festzuhalten, dass Tagesreste eine wesentliche Quelle für die Auswahl der Trauminhalte sind, doch nicht jeder Traum wird in gleichem Ausmaß von den Erlebnissen und Gedanken des Vortags beeinflusst. Wenn aber Tagesreste in den Traum Eingang finden, dann werden sie meist abgewandelt und mit anderen Elementen verbunden, die entweder weiter in die Vergangenheit zurückreichen oder zu den allgemeinen Erfahrungen gehören.

# DER LEBENSLAUF DER TRÄUME

## Träume von Kindern

In einer umfangreichen Langzeitstudie, an der insgesamt 44 Kinder teilnahmen, hat David Foulkes vor dreißig Jahren in den USA zum ersten Mal Träume von der frühen Kindheit bis ins Jugendalter untersucht. Eine Gruppe von Jungen und Mädchen kam im Alter von drei bis fünf, fünf bis sieben und sieben bis neun Jahren jeweils neun Nächte in sein Labor, wo er sie aus verschiedenen Schlafstadien weckte. Eine zweite Gruppe nahm zwischen neun und fünfzehn Jahren parallel an drei Traumerhebungen teil.

Die Träume der 3- bis 5-jährigen Kinder waren sehr kurz, überwiegend statisch und gefühlsneutral. Tiere kamen häufiger vor als Personen und Aktivitäten führten andere Charaktere aus, während das Traum-Ich gar nicht präsent war oder sich passiv darstellte.

Zwei Jahre später waren die Träume der Kinder etwas länger und enthielten einfache Handlungen, wobei das Traum-Ich noch häufig Beobachter war. Neben Tieren, die oft in vermenschlichter Erscheinung auftraten, fanden sich vertraute Personen und die ersten Fremden auf der Traumbühne ein.

Im Alter von 7 bis 9 Jahren waren die Träume szenisch ausgestaltet, die Träumenden beteiligten sich an zahlreichen Unternehmungen, stellten schon gelegentlich Überlegungen an und erlebten Gefühle.

Die Entwicklung des Träumens im ersten Lebensjahrzehnt veranschaulichen drei Träume von Dean mit der anschließenden Befragung, die David Foulkes durchführte:

Alter: 4;8 Jahre, drittes Wecken aus dem REM-Schlaf:

> »Ich träumte, dass ich in einer Co-Co-Bude schlief, dort, wo man Coke bekommt.« (»War das eine bestimmte Bude, die du kennst oder war sie im Traum erfunden?«) »Sie war einfach so erfunden.« (»War außer dir noch jemand dabei?«) »Nein.« (»Hast du außer Schlafen noch etwas getan?«) »Nein.«

Alter: 6;8 Jahre, drittes Wecken aus dem REM-Schlaf:

> »Ich baute gerade eine Brücke. Ich baute eine Autobrücke.« (»Womit hast du sie gebaut?«) »Mit Legos.« (»Wo hast du das gemacht?«) »In meinem Zimmer.« (»Zu Hause?«) »Ja.« (»Sah dein Zim-

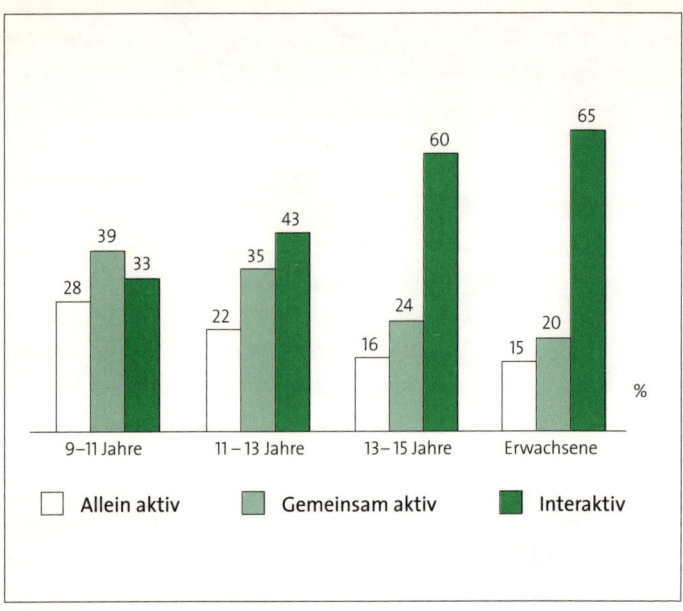

Abbildung 21: Die Aktivität des Traum-Ich in REM-Träumen im Altersverlauf. Die Interaktivität des Traum-Ich steigt mit zunehmendem Alter an, während gemeinsame Aktivitäten abnehmen.

mer so aus wie immer oder anders?«) »Anders, mein Bett stand woanders.« (»War außer dir noch jemand da?«) »Nein.« (»Hast du außer Brücken bauen noch etwas gemacht?«) »Ich habe Autos über die Brücke gefahren.« (»Mit der Hand?«) »Ja.« (»Hattest du irgendwelche Gefühle?«) »Nein.«

Alter: 8;8 Jahre, drittes Wecken aus dem REM-Schlaf:

»Wir waren drei Pflanzer und wir gingen zu diesem Ort und wir pflanzten einen Baum. Und am nächsten Tag kamen wir zurück und der Baum war schon gewachsen. Und so haben wir noch mehr gepflanzt und sie alle wuchsen und es gab einen Waldbrand, aber sie haben nicht gebrannt. Und so haben wir Wälder aus ihnen gemacht, und dann haben einige Männer sie gefällt, um Holz zum Feuern zu haben, aber das Feuer brannte nicht. Und da haben sie es der Polizei und dem Bürgermeister gesagt, dass sie Bäume gepflanzt haben, die nicht brennen.« (»Du sagtest, wir pflanzten Bäume, wer war bei dir?«) »Meine Freunde und ich, Jungen, ungefähr fünf.« (»Wo war der Ort, wo ihr Bäume gesetzt habt?«) »Ich weiß nicht.« (»Kein Ort, den du schon einmal gesehen hast?«) »Nein.« (»Wie habt ihr die Bäume gepflanzt?«) »Wir hatten Baumsamen.« (»Hast du mit jemandem gesprochen, dich bewegt?«) »Ja, wir sind im Wald umhergegangen.« (»Hattest du irgendwelche Gefühle?«) »Ich war aufgeregt, weil diese Bäume nicht brennen wollten und weil sie jeden Tag wuchsen.«

In einer eigenen Langzeitstudie weckten wir zwölf Jungen und zwölf Mädchen im Alter von neun bis elf, elf bis dreizehn und dreizehn bis fünfzehn Jahren in jeweils drei Nächten aus dem REM-Schlaf. Sie berichteten 171, 173 und 207 Träume, denen wir zum Vergleich 207 parallelisierte REM-Träume von jungen Erwachsenen gegenüberstellten. Auswertung die Ergebnisse, die David Foulkes für diese Altersspanne fand, konnten wir weitgehend bestätigen.

Obwohl zu Beginn des zweiten Lebensjahrzehnts die Kompetenz zu träumen voll entwickelt ist, zeichneten sich in den folgenden Jahren in mehreren Merkmalen weitere Veränderungen ab.

So entwickelt sich die Fähigkeit, das Traumgeschehen interaktiv mitzugestalten, erst allmählich, wie in Abbildung 21 dargestellt ist.

Die jüngsten Kinder waren noch am häufigsten gemeinsam mit anderen aktiv, in jedem vierten Traum waren sie allein, und nur in jedem dritten bestimmten sie selbst das Geschehen mit. Vier Jahre später waren sie, wie die erwachsenen Träumer, aktiv in die Traumhandlungen integriert.

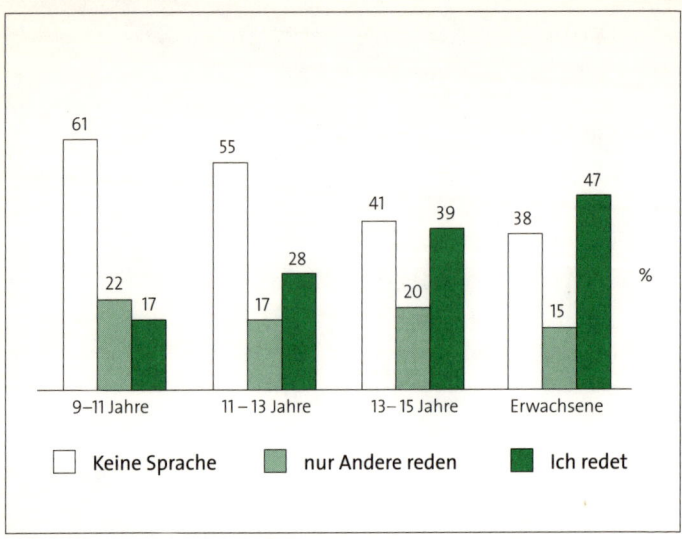

Abbildung 22: Die Sprachbeteiligung des Traum-Ich in REM-Träumen im Altersverlauf. Träume ohne Sprache nehmen mit dem Alter ab und das Traum-Ich beteiligt sich zunehmend an Gesprächen.

Auch das Sprechen im Traum zeigt diesen Verlauf. In den beiden jüngsten Altersstufen wurde in den meisten Träumen nicht gesprochen, zwei Jahre später sind solche »stummen« Träume in der Minderheit. Am Anfang redeten im Traum häufiger andere Personen, die Träumerinnen und Träumer hörten zu oder nahmen Anweisungen entgegen, während sie sich vier Jahre später mehr an Gesprächen beteiligten.

Zwei Träume von Karin veranschaulichen diese zunehmende Ichbeteiligung:

Alter 10;5, viertes Wecken aus dem REM-Schlaf

»Wir sind zu meiner Tante gefahren und haben dort gebastelt. Da hat sie gefragt, ob wir mitkommen wollten ins Dorf, sie müsste

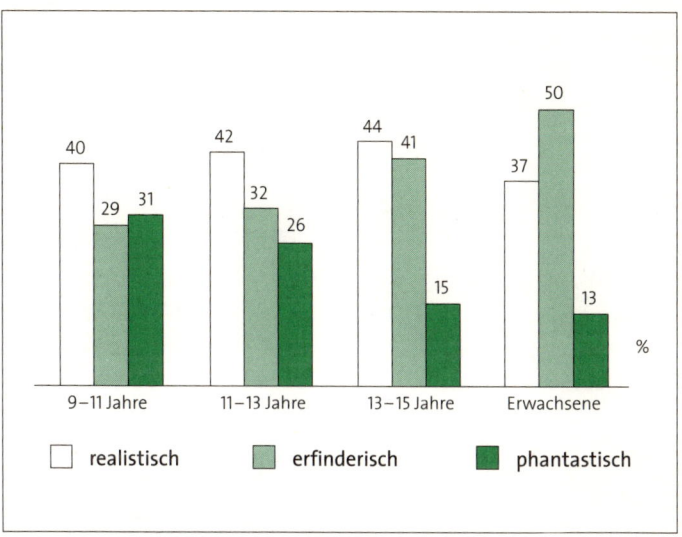

Abbildung 23: Die Traumgestaltung auf der Realismus-Dimension im Vergleich von vier Altersstufen. Mit dem Älterwerden nehmen erfinderische Träume zu und phantastische Träume werden seltener.

noch eine Uhr zum Uhrenmacher bringen. Und dann sind wir gegangen. Beim Uhrenmacher ging es recht schnell. Dann sind wir noch etwas Kleines trinken gegangen. Dort gab es eine Konditorei, da durften wir uns etwas herausnehmen. Und davor war kein Glas, und wir saßen da, wo man die Tasche draufstellen konnte. Und die Nora gibt mir einen Stoß und ich falle gerade rückwärts in die Cremetörtchen hinein. Und da haben sie gesagt, ich könne kurz duschen gehen und die Kleider auswaschen. Und nachher haben wir noch ein Menu gegessen in diesem Restaurant und sind dann nach Hause gegangen.«

Der Traum ist typisch für Mädchen dieses Alters: Karin verbringt ihre Freizeit zusammen mit ihrer Schwester bei der Tante und den Cousinen. Auf Anregung der Tante wird gemeinsam etwas unternommen und auch das Missgeschick in der Konditorei kann die vergnügliche Stimmung nicht trüben.

Alter 14;7, viertes Wecken aus dem REM-Schlaf

>Ich bin zu Hause gewesen beim Nachtessen mit einem früheren Schulkollegen, einer Freundin und zwei Kolleginnen. Und dann war da plötzlich Musik und dieser Kollege ist einfach aufgestanden und fing an zu tanzen. Und dann wollte die Kollegin ein Foto von ihm machen. Und er stand so ganz steif da, und da bin ich zu ihm hin gegangen und habe ihm die Mundwinkel hinaufgedrückt, damit er nicht so doof lacht. Danach fing er an, mit mir zu tanzen und hat mich einfach so herum geschwungen und ich musste ganz fest lachen.«

Die Träumerin ist auch in diesem Traum in Begleitung ihrer Freundinnen, aber während sie vor vier Jahren bei den Unternehmungen einfach nur mitmachte, wendet sie sich jetzt einem Jungen zu. Ihre Initiative, die dem Fotografieren der Kollegin zuvorkommt, wird dann auch belohnt, indem der Junge sie zur Tanzpartnerin wählt.

Bei der Traumgestaltung verstärkt sich die Fähigkeit, getrennte Gedächtnisinhalte zu neuen sinnvollen Szenen zusammenzustellen, was eine besondere kognitive Leistung darstellt. Die erfinderischen Träume nehmen mit dem Alter zu, während die phantastischen Träume abnehmen. Der Anteil der realistischen Träume bleibt dagegen mit rund 40 Prozent auf gleichem Niveau.

Ein besonderes Merkmal der Kinderträume sind die Tiere, die vor allem in der frühen Kindheit eine große Rolle spielen. Wie Abbildung 24 zeigt, traten in den beiden jüngsten Altersstufen in jedem dritten Traum Tiere auf. Ihr Anteil nahm in den folgenden Jahren ständig ab, war aber im Jugendalter immer noch höher als in den Träumen Erwachsener.

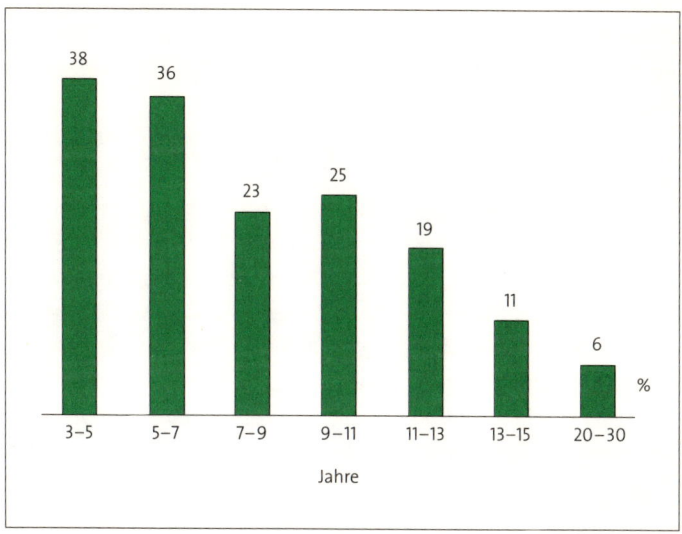

Abbildung 24: Die Häufigkeit von REM-Träumen, in denen Tiere auftreten, im Altersverlauf von zwei Langzeitstudien (Foulkes, 1982; Strauch, 2004).

Pferde, Hunde und Katzen nahmen die ersten Plätze ein, was dem Interesse entspricht, das Kinder diesen Tieren im Alltag entgegenbringen. Vögel, Fische und Hasen besetzten die nachfolgenden Ränge. Die übrigen Tiere umfassten eine breite Palette, die von Ameisen über Meerschweinchen bis zu Zebras reichte.

Obwohl die meisten Kinder Haustiere besitzen, träumten sie interessanterweise eher selten von ihren eigenen oder anderen bekannten Tieren. Dies weist darauf hin, dass Tiere nicht deshalb besonders häufig im Traum auftauchten, weil sie am Tage mit den Kindern zusammen waren, sondern dass sie prototypische Rollen übernahmen.

Vor allem bei den jüngeren Kindern hatten die Traumtiere oft menschliche Züge, so bat beispielsweise eine Schlange den Träumer, sie zu einem Skilift zu begleiten oder eine Katze erkundigte sich bei einer Träumerin, wo sich das Katzenbad befindet.

Die vielen Tiere, die im ersten Lebensjahrzehnt die Kinderträume beleben und später ihre vorherrschende Rolle verlieren, scheinen eine besondere Funktion zu haben. Foulkes vertritt die Auffassung, dass in der Frühzeit des Träumens, wenn Kinder sich noch nicht selbst in den Traum einbringen können, Tiere als Selbstdarstellungen anzusehen sind, vor allem wenn sie kindliche Attribute haben und die Kinder besonders interessieren. Die Funktion der Tiere erweitert sich im Laufe der Entwicklung, indem Tiere symbolisch als »Übergangsobjekte« Menschen repräsentieren, mit denen Träumer eine Beziehung aufnehmen. Beispielhaft sind hier Träume, in denen sich Mädchen mit der Pflege von Haustieren beschäftigen. Schließlich aber treten Tiere auch einfach nur als Tiere auf, weil sie zum Leben gehören.

Aggressionen sind in den Träumen von Kindern nicht sehr häufig, nur in gut jedem vierten Traum kamen unfreundliche Handlungen vor, die sich zudem mehr in Form von Kritik und Zurechtweisungen als in körperlicher Gewaltanwendung äußerten.

In Abbildung 25 fällt jedoch ein besonderer Unterschied zwischen Kindern und Erwachsenen auf: Kinder sind in ihren Träumen häufiger Zielscheibe als Initianten von Aggressionen. Kinder wurden in ihren Träumen überwiegend von Erwachsenen kritisiert und zurechtgewiesen, die Jungen von Männern und Frauen, die Mädchen dagegen vor allem von Männern, das heißt, Kinder stellen sich im Traum so dar, wie sie ihre Rolle im Wachen erleben.

Es ist interessant, dass die bekannte Reifungsverzögerung von Jungen auch in den Träumen zu erkennen ist. Jungen haben die Entwicklungsschritte bei der Traumerinnerung, der erfinderischen Gestaltung und der aktiven Ichbeteiligung erst mit 13 bis 15 Jahren vollzogen, während Mädchen dieses Stadium schon zwei Jahre früher erreichen.

Aus den Ergebnissen der beiden Langzeitstudien ist zu schließen, dass von der frühen Kindheit bis zum Jugendalter Träume verschiedene Stadien durchlaufen. Formal stehen am Anfang kurze statische Traumfragmente, es folgen szenisch mehr belebte Momentaufnah-

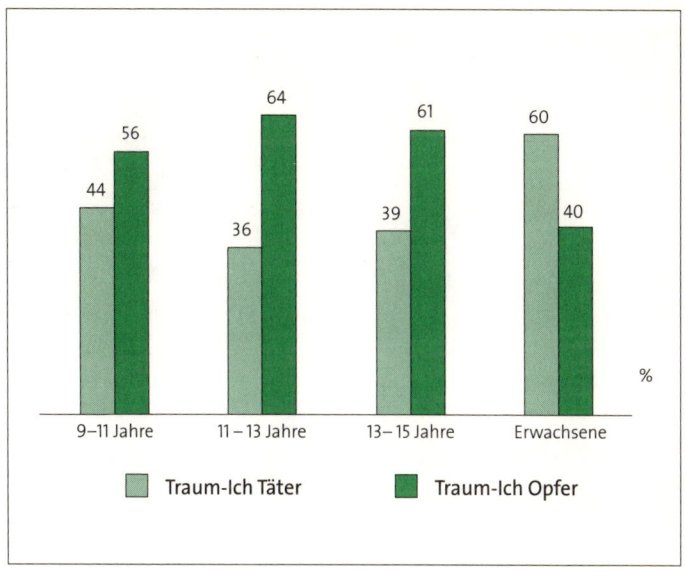

Abbildung 25: Die Rolle des Traum-Ich bei aggressiven Handlungen in REM-Träumen. Der Altersvergleich zeigt, dass Kinder und Jugendliche sich im Traum meist als »Opfer« darstellen, während Erwachsene Unfreundlichkeiten häufiger selbst austeilen.

men, und allmählich weitet sich die Traumwelt zu dynamischen und handlungsreichen Ereignissen aus. Die Gestaltungsmittel der ersten Träume sind Sinneseindrücke, erst im Laufe der Zeit werden sie von Gedanken und Gefühlen begleitet. Das Traum-Ich wandelt sich vom passiven Beobachter über die Rolle als Mitläufer zum aktiven Handlungsträger.

## Träume älterer Menschen

Träume älterer Menschen wurden bisher noch nicht im Labor erhoben und es gibt auch nur wenige Auswertungen von spontan erin-

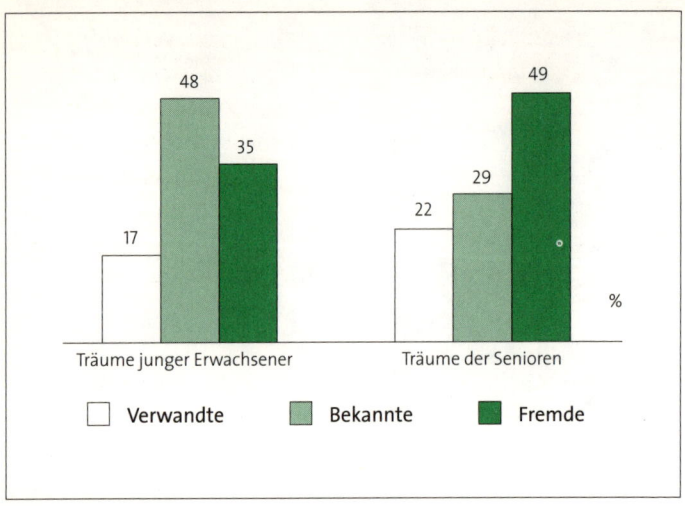

Abbildung 26: Bekanntheitsgrad der Charaktere in 207 REM-Träumen von jungen Erwachsenen und 253 Spontanträumen von älteren Menschen. Der Anteil fremder Traumpersonen ist bei älteren Menschen erhöht.

nerten Träumen. In einer eigenen Untersuchung führten fünfzehn Frauen und neun Männer im Alter von 66 bis 78 Jahren zehn Tage lang zu Hause ein Traumtagebuch und erinnerten 253 Träume. Für spontane Träume ist diese Ausbeute besonders groß, was daran liegt, dass ältere Menschen einen leichten Schlaf haben, nachts häufiger aufwachen und sich oft in einer Nacht an mehrere Träume erinnern können.

Im Vergleich mit den Träumen jüngerer Menschen unterscheiden sich die Träume älterer Menschen nur in einigen Merkmalen. In den Umgebungen wurde eine Verfremdung deutlich: Zwei von drei Szenerien waren in den Träumen der älteren Menschen unbekannt, während bei jüngeren Träumern diese Kategorie gleich verteilt war.

Ein typisches Beispiel für eine fremde Umwelt ist der Traum eines 74-jährigen Mannes:

»Ich bin an einem weiten Meer, ganz allein, ich weiß nicht in welchem Land ich bin, und stehe dort, wo es ein Motorboot hat. Vor mir ist ein weiter Strand. Ich besteige dieses Boot, kein Mensch ist hier, vor mir das breite, große, blaue Meer und hinter mir der große Sandstrand, und fahre immer weiter auf das Meer hinaus. Es ist eine wunderbare, ruhige Fahrt und ich fühle mich ganz wohl und komme mir auch nicht einsam vor, ich habe keine Schwierigkeiten, zu steuern und zu fahren, ich bin ganz ruhig und freue mich an der Schönheit der Natur.«

Der Träumer hat dem Bericht die Bemerkung angefügt, dass er sich im Leben häufig isoliert fühle, in seinem Traum konnte er jedoch Einsamkeit als befreiend und positiv erleben.

Wie Abbildung 26 zeigt, treten im Alter viele unbekannte Traumfiguren auf. Sie stehen in der Häufigkeit an erster Stelle, allerdings erreichen Verwandte und Bekannte zusammengenommen den gleichen Anteil. Bei den jungen Erwachsenen dagegen sind weit mehr bekannte als fremde Traumpersonen anzutreffen.

Der Anstieg von Fremdheit zeigte sich auch in den Tagebüchern einer Frau, die von ihrem 40. bis zum 91. Lebensjahr 10 000 Träume aufgeschrieben hat. Aus dem vierten, sechsten und siebten Lebensjahrzehnt wurden jeweils 180 Träume zufällig ausgewählt und ausgewertet.

Im höheren Alter wurde die Traumwelt unbekannter in dem Maße wie auch ihre Vereinsamung im wachen Leben zunahm, die die Frau in ihrem Tagebuch zum Ausdruck brachte. In ihren 40er Jahren traten weit überwiegend eng vertraute und bekannte Menschen auf der Traumbühne auf, nur jede vierte Person war fremd. Dreißig Jahre später war nahezu jede zweite Traumfigur unbekannt. Auch die vertrauten Umgebungen, die in jüngeren Jahren mit Abstand an erster Stelle standen, gingen im höheren Alter zurück, verfremdete Orte und unbekannte Szenerien standen jetzt im Vordergrund.

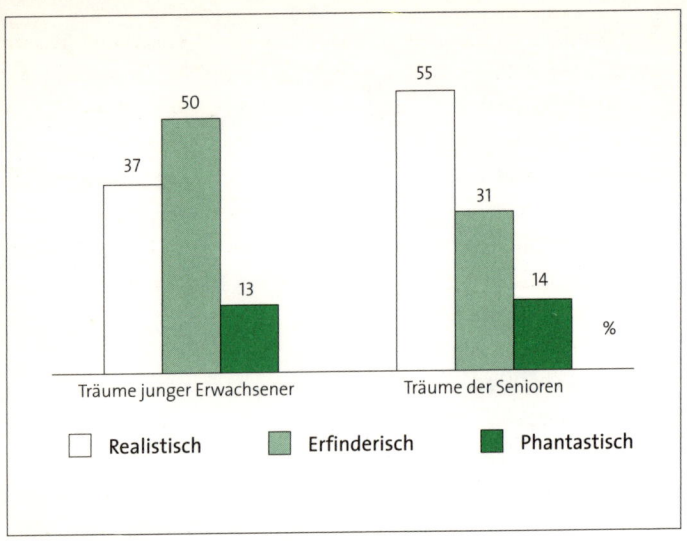

Abbildung 27: Der Realitätscharakter von 207 REM-Träumen junger Erwachsener und 253 Spontanträumen älterer Menschen. Ältere Menschen gestalten ihre Träume realistischer als jüngere Träumer.

Die Fremdheit in den Träumen älterer Menschen könnte parallel zum Wacherleben ein Abstandnehmen oder Alleingelassenwerden von der vertrauten Welt zum Ausdruck bringen. Allerdings wird im Traum Fremdheit eher hingenommen als im Wachen, wo Unbekanntes oft Verunsicherung und Angst hervorruft. Der Umgang mit dem Fremden ist im Traum unbefangener und könnte daher auch Gelassenheit oder gar Freude an neuen Erlebnissen bedeuten.

Ein weiteres interessantes Ergebnis ist, dass in jedem vierten Traum der älteren Menschen Umgebungen und Personen aus der Vergangenheit auftauchten. Die Träumer waren wieder in ihrem früheren Beruf, sie erlebten sich und ihre Kinder als jünger, der verstorbene Ehepartner war wieder gegenwärtig oder sie befanden sich an Orten, die sie vor langer Zeit zuletzt aufgesucht hatten.

Frühere Erinnerungen, die im Traum auftauchten, stammten jedoch nicht aus der Kindheit, sondern meistens aus den letzten drei Lebensjahrzehnten. Die jungen Erwachsenen hingegen träumten nur ganz selten von ihrer Kindheit und Jugend. Der häufige Vergangenheitsbezug in den Träumen älterer Menschen ist nicht überraschend, da bei längerer Lebenszeit die Kette der Erinnerungen länger geworden ist. Hinzu kommt, dass im aktuellen Leben Menschen an frühere Erlebnisse denken und darüber sprechen, so dass Vergangenes auch als »Tagesrest« in einen Traum eingehen kann.

Ein 74-jähriger Mann träumte:

»Ich saß zusammen mit meinem Seniorchef in einem Büro, da waren verschiedene Telefone und er probierte, einen Kunden im Aargau anzurufen und konnte ihn einfach nicht erreichen. Ich wusste genau, ich muss ja nur bei mir da auf den Knopf drücken und dann kommt dieser Kunde. Und als er dann einen Moment weglief, er war aufgeregt, drückte ich auf diesen Knopf, der Kunde kam und ich rief: ›Chef, kommen Sie, da ist der Meier am Telefon.‹ Er kam und sprach dann mit ihm.«

Der Träumer ist wieder jünger und in sein altes Berufsleben zurückgekehrt, allerdings befindet er sich an einem unbekannten Ort, ist aber zusammen mit seinem früheren inzwischen verstorbenen Chef, demgegenüber er sich als besonders kompetent erweisen kann, was er aber trotz seines Erfolges als eher neutral erlebte.

Ein letztes auffälliges Ergebnis ist, dass ältere Menschen ihre Träume realistischer ausgestalteten als junge Erwachsene, wie Abbildung 27 veranschaulicht. Die Mehrzahl ihrer Träume war in einem wirklichkeitsnahen Umfeld inszeniert. Erfinderische Träume stehen erst an zweiter Stelle, während diese bei jüngeren Träumern den ersten Rang besetzen. Die Träume mit phantastischen Elementen sind dagegen in beiden Altersgruppen mit rund zehn Prozent vergleichsweise selten. Diese Kategorie hat nur in den Träumen von Kindern eine größere Bedeutung.

Dass die Traumwelt im Alter keine Einbußen erleidet, zeigt der Traum einer 76-jährigen Frau, die aus ihren Erinnerungen einfallsreich ein neues Erlebnis geschaffen hat:

»Ich war im Operationssaal, zusammen mit dem Arzt von damals. Er hatte den grünen Operationsschurz an, die Maske und war dabei, mit der Operation anzufangen. Ich verzweifelte fast, weil ich dachte, wie soll ich da instrumentieren, wenn ich doch gar nicht mehr weiß, wie das geht. Da stand die Operationsschwester neben mir und ich war heilfroh, dass sie das machte. Dann ging ich raus, kam an einem Stand vorbei, wo viel Schokolade aufgeschichtet war. Die Tafeln waren in Reihen aufgeteilt und waren einzeln in Zellophanpapier eingepackt. Ich nahm eine und kaum ging ich weg, kam mir in den Sinn, dass ich ja nicht bezahlt habe, das darf man doch so nicht machen. Und ich wollte schon wieder umkehren, und da steht dieser Arzt wieder neben mir, dieses Mal in Zivil, lacht und sagt: ›Ich sehe, Sie mögen noch immer Schokolade. Wenn Sie gerne mehr hätten, ich habe Geld dabei.‹ Und schon kam er mit einer blauen Schachtel Pralinés. Und dann sagte er noch etwas, was mich stutzig machte und zwar: ›Lesen Sie Goethe-Gedichte, essen Sie ein wenig Schokolade dazu und es wird Ihnen ganz gut gehen.‹ «

Der Traum fand an einem unbekannten Ort statt und bringt die Träumerin wieder mit ihren längst verstorbenen Kollegen zusammen, die Verständnis dafür haben, dass sie sich in ihrem früheren Beruf nicht mehr richtig auskennt. Darüber hinaus erweist sich der Arzt als besonders freundlich, indem er ihren versehentlichen Diebstahl übersieht, sie großzügig beschenkt und ihr noch eine Lebensweisheit mit auf den Weg gibt.

Die Träume älterer Menschen sind an der Gegenwart orientiert und spiegeln die aktuellen Interessen und dazu gehört auch das Aufgreifen von Erinnerungen an Orte und Menschen, die im früheren Leben eine Rolle gespielt haben. Ihre Träume haften aber nicht an der Vergangenheit, sondern sie zeigen eine eher realistische Weltsicht und einen gelassenen Umgang mit Fremdheit. Die Ergebnisse können allerdings nicht verallgemeinert werden, weil es sich hier um Träume älterer Menschen handelt, die gesundheitlich nicht wesentlich beeinträchtigt sind und ein ausgefülltes und zufriedenes Leben führen.

Der Lebenslauf der Träume lässt erkennen, dass sich die Fähigkeit zu träumen in den ersten Lebensjahren entwickelt, parallel zur Reifung des Denkens, der Phantasie und des Ichbewusstseins. Ist die Kompetenz der Traumgestaltung und der Traumerinnerung erreicht, gestalten Menschen im Laufe der Jahre ihre Träume so, wie sie im Wachen sich selbst und die Welt erleben.

# VERTIEFUNGEN

## Psychophysiologie des Träumens

Forscher haben viele Versuche unternommen, die Verbindung von physiologischen Merkmalen mit Trauminhalten aufzudecken. Fände man solche Zusammenhänge, könnte man die Glaubhaftigkeit der Traumerinnerung belegen.

Besonders nahe liegend war die Vermutung, dass die schnellen Augenbewegungen während des REM-Schlafs mit dem Umherblicken des Träumenden in seiner phantasierten Welt in Zusammenhang stehen könnten. Als Erster ist der Amerikaner Howard Roffwarg mit seinen Kollegen dieser Frage nachgegangen. Ein Versuchsleiter weckte die Schläfer, wenn deutliche Augenbewegungen auftraten und ein anderer, der diese Aufzeichnungen der Bewegungen nicht kannte, nahm auf ein Signal hin die Weckungen und Traumbefragungen vor. Dieser zweite Versuchsleiter sagte aufgrund des Traumberichts voraus, welche Augenbewegungen aufgezeichnet sein müssten, sollten sie tatsächlich der räumlichen Orientierung des Träumers entsprechen. In dieser ersten Untersuchung gelangen richtige Zuordnungen in vier von fünf Fällen, vor allen Dingen bei solchen Traumszenen, an die sich die Träumer deutlich erinnern konnten. In nachfolgenden Untersuchungen konnte jedoch dieses Ergebnis nicht eindeutig bestätigt werden.

An der Universität Osaka untersuchten zwei Schlafforscher, ob das Sprechen im Schlaf mit einer Aktivierung der entsprechenden Gesichtsmuskeln übereinstimmt. Sie weckten die Versuchspersonen entweder auf, wenn allein die *Sprechmuskeln* Ausschläge zeigten oder wenn eine Zeitlang keine Aktivierung beobachtet wurde. Ihre Ergebnisse zeigten zwar einen überzufälligen Zusammenhang zwischen verdeckter Mimik und Sprechen im Traum, aber auch hier gelangen die Zuordnungen nicht perfekt, weil in jedem zehnten Traum das Ich redete, ohne dass die entsprechenden Muskeln ansprachen, und in einigen Fällen auch dann eine Erregung der Sprechmuskeln gemessen wurde, wenn im Traum niemand gesprochen hatte.

Ebenfalls schwache Zusammenhänge wurden gefunden bei Augenbewegungen und Augenruhe in Beziehung zu bildhaften Vorstellungen und Gedanken, zwischen kurzen Aktivierungen der Arm- und Beinmuskeln und entsprechenden geträumten Bewegungen, zwischen der Aktivität der Mittelohrmuskeln und akustischen Traumphänomenen sowie zwischen Aktivierungen der Gesichtsmuskeln und Gefühlen.

Insgesamt gesehen sind die Ergebnisse dieser psychophysiologischen Studien sehr bescheiden, wenn nicht entmutigend. Körperliche Signale können zwar eine Begleiterscheinung spezifischer Trauminhalte sein. Es gab immer wieder eindrucksvolle Beispiele, etwa wenn der Versuchsleiter Aktivierungen der Armmuskeln beobachtete und der Träumer berichtete, er sei gerade auf einem See gerudert, oder wenn exakte Augenbewegungen von links nach rechts auftraten und der Träumer gerade einem Tennismatch zusah, aber solche Beziehungen sind nicht verlässlich vorhersagbar.

Traumforscher sind bei dieser Fragestellung mit dem unlösbaren Problem konfrontiert, dass Träume nicht online, sondern immer nur retrospektiv nach dem Aufwachen berichtet werden können. Aufgrund des Wechsels vom Schlaf- in den Wachzustand kann die Erinnerung unvollständig sein oder sich auf einen früheren Zeitpunkt beziehen. Darüber hinaus kann die Übertragung eines Traumerlebnisses in einen verbalen Bericht mit Auslassungen und Veränderungen einhergehen, die es überaus erschweren, für einen bestimmten Zeitpunkt ein Körpersignal einem psychologischen Ereignis zuzuordnen. In Bezug auf das Träumen ist daher der Brückenschlag zwischen Körper und Seele noch nicht gelungen.

# Stimulusverarbeitung im Traum

In zahlreichen Experimenten hat man versucht Träume zu beeinflussen, um herauszufinden, in welcher Weise sie Eindrücke und Erfahrungen aufnehmen und verarbeiten. Die Forschergruppe von Howard Roffwarg ließ in einem originellen Experiment die Probanden tagsüber Brillen tragen, durch die sie die Umwelt nur in rötlichem Licht sehen konnten. Diese Veränderung der Sichtweise hatte eine deutliche Auswirkung: Die Träume der nachfolgenden Nächte hatten gegenüber vorangegangenen Träumen einen mehr als dreifachen höheren Anteil roter Farbelemente, der sich vom ersten bis zum dritten Tag steigerte und am deutlichsten im ersten REM-Traum war. Interessanterweise sahen Träumer nicht nur solche Dinge in rotes Licht getaucht, die sie vorher im Wachen so gesehen hatten, sondern auch frühere Erfahrungen waren rötlich eingefärbt. Als die Versuchsleiter zur Kontrolle den Probanden vorgaben, im Traum würde die Komplementärfarbe Grün erscheinen, hatte diese Suggestion keine Wirkung, der Rotanteil blieb weiterhin erhöht. Allerdings hatte das Tragen der Farbfilter keine nachhaltige Auswirkung, da schon in der ersten Nacht, die auf eine normale Wahrnehmung folgte, die Traumwelt wieder in den »richtigen« Farben erschien.

In einer ganzen Reihe von Projekten wurden in der Vorschlafsituation spezifische Erlebnisse vermittelt. Vorgespielte Filme mit beschaulichen oder bedrohlichen Themen hatten keine eindeutigen Auswirkungen auf Trauminhalte und Traumgefühle. Es gab zwar immer wieder Träumer, die nach einem Angst erregenden Film mehr Angst in ihren Träumen erlebten, aber bei anderen Träumern war kein Einfluss zu erkennen. Bei solchen Experimenten stellt sich natürlich das Problem, dass nicht jeder Proband auf einen solchen Film in gewünschter Weise gefühlsmäßig reagiert und es ist auch nicht zu kontrollieren, wie er vor dem Einschlafen seine Eindrücke verarbeitet hat.

Persönliche Anliegen, die einen Menschen stark beschäftigen, finden schon eher Eingang in den Traum. Die amerikanische Traumforscherin Rosalind Cartwright stellte ihren Probanden die Aufgabe, von einer erwünschten Eigenschaft zu träumen. Gab jemand beispielsweise an »Ich bin schlampig und möchte gerne ordentlicher sein«, dann sollte er sich beim Einschlafen auf diese Wunscherfüllung konzentrieren. Unabhängigen Beurteilern gelang eine signifikante Zuordnung von ausgewählten Eigenschaften und Träumen. Allerdings hatten die Träumer häufiger den unliebsamen Gegenpol aufgegriffen als die Wunscheigenschaft realisiert.

Traumbefehle, die sich auf Problemlösungen beziehen, finden noch leichter Eingang in den Traum als Vorgaben von abstrakten Eigenschaften. In einer Untersuchung am Psychologischen Institut in Zürich wurden Probanden zunächst gebeten, ihre aktuellen Sorgen und Probleme zu beschreiben. Anschließend wählten sie ihr dringlichstes Anliegen aus und setzten es in eine Frage um, beispielsweise: »Werde ich mich wohl mit meinem Partner versöhnen?« In der einen Nacht sollten sie sich vor dem Einschlafen intensiv vornehmen, von dieser Frage zu träumen, in der anderen Nacht erfolgte keine besondere Instruktion. Die Probanden wurden aus dem REM-Schlaf geweckt, um ihre Träume zu berichten.

Ein Student konzentrierte sich vor dem Einschlafen auf die Frage: »Werde ich wohl mein Examen bestehen?« und erinnerte sich an einen Traum, der aus dem Umfeld seiner Prüfungsvorbereitungen das Studienthema Pflanzen und den Professor aufgriff. Er bekommt im Traum zwar hilfreiche Auskünfte, aber keine Antwort auf seine eigentliche Frage:

»Ich habe mit einem Kollegen über Pflanzen gesprochen, Pflanzen aus Südamerika, so eine Art Palme. Dann haben wir den angerufen, der die vorgestellt hatte, um zu erfahren, wie die heißen, oder wo man die kaufen kann. Er hat uns dann ganz viele Beispiele für diesen Typus angegeben. Und diese Pflanze war in einer Garage, die mein Professor kaufen wollte.«

Ein anderer Student hat sein Anliegen: »Werde ich zwischen Freundschaft und Liebe entscheiden können?« im Traum symbolisch, ebenfalls ohne Lösungsvorschlag, umgesetzt:

> »Da war ein Falke, ein Raubvogel, der war ziemlich ungewöhnlich, weil er halb Wildvogel war, halb nicht ganz in Ordnung, wie wenn er ein Auge hätte, das nicht funktionierte, und eine Hälfte seines Körpers war wie verkümmert, viel kleiner als die andere. Eine mir unbekannte Frau zeigte mir dieses Vieh, das sich nicht bewegte, das halb etwas Bestimmtes und halb etwas Anderes war.«

Unabhängige Beurteiler fanden in rund jedem zweiten Traum einen direkten oder symbolischen Bezug zum ausgewählten Problem in den Nächten, in denen das Thema besonders angeregt war. Aber auch noch jeder fünfte Traum aus der anderen Nacht wies einen Zusammenhang mit dem Traumbefehl auf, was insofern nicht erstaunt, da aktuelle Probleme in den Gedanken ständig präsent sind.

Mit Stimulationen während des Schlafs versucht man experimentell direkt in den Traumverlauf einzugreifen. Die Versuche haben sich nicht als besonders erfolgreich erwiesen, da Schläfer gegenüber solchen Signalen weitgehend abgeschirmt sind. Fasst man die Ergebnisse zahlreicher Experimente zusammen, so kann man erwarten, in jedem dritten Traum eine Übernahme des Stimulus zu erkennen. Eine Stimulusverarbeitung ist deshalb schwer festzustellen, weil Träumer solche Signale nur selten in ihrer eigentlichen Bedeutung übernehmen, sondern sie abwandeln und in einen anderen Kontext stellen, wie eine Reihe von Beispielen veranschaulicht:

So hatte eine Studentin, der während des REM-Schlafs ein unter der Weckschwelle bleibendes menschliches *Summen* präsentiert wurde, einen Traum, in dem ein Vogel auf einem Stängelchen hockte, und es quietschte immer, wenn er hin und her schaukelte. In ihrem Traum hat sie nicht die Bedeutung des Summens erkannt, sondern nur ein Geräusch aufgenommen, es aber ganz anders interpretiert.

Eine originelle Umwandlung des Stimulus *Weinen* zeigt der Traum einer Studentin:

»Ich war mit einer anderen Frau in einem kleinen Selbstbedienungsladen, und jetzt wollten wir gerade an die Kasse. Es ging darum, dass ich eine andere Flüssigkeit zum Gurgeln kaufe. Und wir sind so im Laden herumgegangen, und jedes Mal, wenn ich mit dem rechten Fuß einen Schritt gemacht habe, hat es einfach so gequietscht wie eine alte Türe. So ein regelmäßiges Pfeifen, das ich bei jedem Schritt gemacht habe, als ob ich gequietscht hätte wie ein altes Möbel. Und ich wollte das irgendwie mit einem Gurgelwasser lösen.«

Ein Geräusch spielt in diesem Traum eine wichtige Rolle, doch das Quietschen beim Gehen veranschaulicht nur die physikalische Eigenschaft des Signals. Nicht aufgenommen wurde die emotionale Bedeutung des Weinens. Der Ursprung des Geräusches wurde zudem nicht einer menschlichen Stimme zugeschrieben, sondern in die Füße verlegt, wobei allerdings mit dem Gurgelwasser die eigentliche Geräuschquelle in verkleideter Form wieder anklingt.

Auch der Stimulus *Düsenjäger* wurde von einer anderen Träumerin phantasievoll abgewandelt:

»Da war irgendwie ein Gasofen, der nicht mehr ging. Und es waren Leute dabei, und du warst auch dabei, und jeder saß allein vor seiner Herdplatte und hat so sein Zeug gebraut. Und wir haben unabhängig voneinander festgestellt, dass der Gasherd nicht mehr geht. Und wir haben gerade zu Rita gesagt, sie soll nachschauen.

Und das Komische war, manchmal ist er auch wieder gegangen und manchmal nicht. Ich hatte manchmal das Gefühl, er spucke einfach, die Flamme war manchmal kleiner und manchmal höher. Und dann ist irgendjemand hereingekommen und fand, bei ihm sei das schon gestern passiert. Und dann ist die Person gekommen, der er gehört hat. Und die hat gesagt, ihr sei es auch passiert. Aber dann war es gut, plötzlich war die Flamme wieder höher.«

Hier wurden mit dem spuckenden Gasherd akustische Merkmale des Düsenjägers in ein verwandtes Geräusch umgesetzt. Darüber hinaus spiegelt die größer und kleiner werdende Flamme bildlich auch das An- und Abschwellen des Überflugs, vielleicht auch die mehrfache Stimulierung.

Nach einem dreimal eingespielten Überflug eines Düsenjägers berichtete ein Träumer, er sei in einer Kantine gewesen und habe gehört, »wie Besteck in einem Plastikbehälter gewechselt wurde, so schubweise, ein Geräusch, das anschwillt und wieder weggeht«. Er hat im Traum auch nicht das Flugzeuggeräusch erkannt, sondern nur den charakteristischen Wechsel der Lautstärke beim Überflug wahrgenommen und ihn einem anderen, aber phonetisch vergleichbarem Vorgang zugeordnet.

Es ist nicht vorherzusagen, welche Aspekte eines sinnvollen akustischen Signals von Träumenden aufgegriffen werden. Es kann die Sinnesmodalität im unspezifischen Sinn sein, wenn nur irgendwelche Töne gehört werden. Es können bestimmte Vokale sein, die in gleich klingende Wörter umgesetzt werden. Beispielsweise wurde nach einem zweimaligen Vorspielen der Wörter »Priester – Gom« von einer Bahnhofsansage: »Hier Bonn, hier Bonn« geträumt. Schließlich können Träumer auch Verlaufsmerkmale der Stimulation aufgreifen, wie der Traum nach dem Düsenjägergeräusch zeigte.

In besonders differenzierten und originellen Experimenten untersuchte in letzter Zeit Wolfgang Leuschner mit seinen Mitarbeitern am Sigmund-Freud-Institut in Frankfurt den Einfluss von unterschwelligen, im Wachzustand präsentierten optischen und akustischen Reizen auf Imaginationen und Träume, die nicht nur berichtet, sondern auch gezeichnet wurden. Nach einem unterschwellig dargebotenen optischen Stimulus fanden sie vor allem in den Zeichnungen der Wachphantasien und der REM-Träume wiederkehrende formale und inhaltliche Merkmale des Stimulus. Akustische Signale, bei denen sie sinnvolle Texte mit erhöhter Geschwindigkeit vorspielten, so dass sie unverständlich waren, erwiesen sich als besonders wirkungsvoll, da sich in beiden Bewusstseinszuständen vielfältige Inkorporationen ergaben. Unterschwellige Stimulation im Wachzustand ist demnach besonders geeignet, den Traumzustand zu beeinflussen.

Zusammenfassend ist aus diesen Experimenten abzuleiten, dass Träume ihr Eigenleben haben und nicht leicht von außen zu manipulieren sind. So interessant die Methode ist, mit direkten Stimuli Art und Verlauf der Traumentstehung zu untersuchen, so schwierig ist es, eine solche Beeinflussung unter Ausschaltung aller Fehlerquellen durchzuführen und den Nachweis zu erbringen, dass Träumende einen Stimulus wirklich aufgenommen und verarbeitet haben.

## Albtraum und Angsttraum

Aus Albträumen, lateinisch *pavor nocturnus*, englisch *night terror* genannt, wacht ein Schläfer ganz plötzlich mit intensiver Angst und Erregtheit auf, er schreit, schlägt um sich, und es kann Minuten dauern, bis er zu sich kommt. Am nächsten Morgen erinnert er sich meistens nicht an den Vorfall.

Albträume kommen in den ersten beiden Schlafzyklen im Tiefschlaf vor. An der EEG-Aufzeichnung ist ohne vorherige Anzeichen ein sprunghafter Anstieg der körperlichen Erregung zu beobachten, Pulsfrequenz und Atmung können sich um das Zweifache beschleunigen.

Albträume können schon in der frühen Kindheit auftreten, nur selten werden sie zum ersten Mal im Erwachsenenalter erlebt. Abbildung 28 zeigt die Ergebnisse einer Befragung, die in der Schweiz durchgeführt wurde. Nach den Angaben der Eltern hatte rund jedes fünfte Kind innerhalb eines Jahres einen Albtraum. Allerdings wurden diese Träume mit zunehmendem Alter seltener. Häufige Albträume hatten im Alter von drei bis sechs Jahren nur fünf Prozent der Kinder.

Es gibt viele Beispiele dafür, dass Müdigkeit und Stress Albträume hervorrufen können. So hatte ein 5-jähriger Junge eine Attacke nach einer Non-Stop-Autofahrt nach Sizilien und bei einem anderen Kind stellten sich mehrfache Albträume nach einem längeren Krankenhausaufenthalt ein.

Der New Yorker Psychoanalytiker Charles Fisher hat mit seinem Team als erster Menschen im Labor untersucht, die unter Albträumen leiden. Zwölf Erwachsene verbrachten 250 Nächte im Labor und erlebten in dieser Zeit 275 Albträume. Sie setzten spontan ein, die Versuchsleiter konnten sie interessanterweise aber auch durch akustische Signale auslösen. Nur rund jeder zweite Albtraum ging jedoch mit Traumerinnerungen einher, die meistens fragmentarisch waren. Inhaltlich stand hier die experimentelle Situation im Vordergrund, wie Ersticken durch die Elektrodenkabel, Aggressionen der Versuchsleiter und Situationen des Verlassenwerdens, wie das folgende Beispiel eines Mannes veranschaulicht, der aus dem Tiefschlaf nach einer plötzlichen Pulsbeschleunigung von 80 auf 160 aufschreckte und schrie:

»Aoh, aah, hey, hey, pass auf, pass auf, pass auf, pass auf, pass auf, pass auf!! Was geschieht mit mir? Lass das, lass das, lass … das war ich jetzt nicht! Das bin ich nicht mehr!! Verflixt, du trittst auf mich, Dummy! Hey, ich habe gewechselt, hier bin ich jetzt, hier bin ich jetzt. In der mittleren Position. So, OK.?«

Nachdem er voll bei Bewusstsein war, erinnerte er sich:

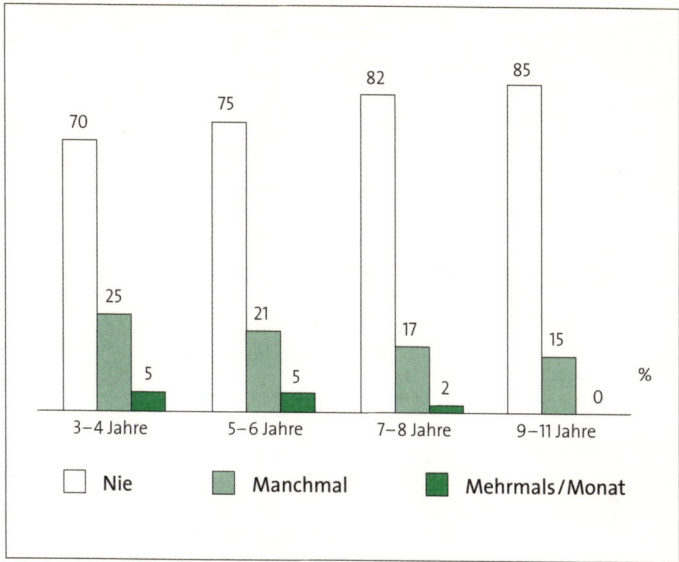

Abbildung 28: Antworten von 753 Eltern in der Nordwestschweiz auf die Frage: »Haben Sie festgestellt, dass Ihr Kind im ersten Nachtdrittel aus dem Schlaf hochschreckt? Es beginnt fast immer mit einem schrillen Schrei, das Kind richtet sich auf, sitzt steif da, es erscheint erregt und verängstigt. Die Augen sind weit geöffnet, es jammert, stöhnt oder weint, schwitzt, atmet schneller, ist nicht bei vollem Bewusstsein, reagiert nicht und erinnert sich morgens nicht mehr daran.«

»In dem Raum hier, war es so, dass einer auf mich treten wollte. Es war ein Durcheinander. Sie wollten mir – nicht absichtlich etwas Böses antun... jemand kam herein, um etwas zu richten, und ich lag irgendwie am falschen Platz, und Sie merkten das nicht und traten auf mich und ich wollte Ihnen sagen, ich bin doch hier. Einige Sekunden war es sehr gewalttätig, ich hatte einen richtigen Energieausbruch.«

Die Inhalte von Albträumen sind kultur- und zeitabhängig. Während im Mittelalter Hexen, Dämonen und Teufel Symbole der Angst dar-

Abbildung 29: Ein Gemälde von Johann Heinrich Füssli (1741–1825), das die bedroh-
liche Qualität des Albtraums darstellt.

stellten, sind es heute Gefühle des Eingeschlossenseins, des Fallens
oder der Bedrohung durch andere.

Während der Albtraum ein charakteristisches Phänomen des Tiefschlafs ist, werden Angstträume vorwiegend im REM-Schlaf erlebt.
Es sind Träume, aus denen man mit Herzklopfen erwacht, motorisch

aber ruhig bleibt, meist voll orientiert ist und sich gut an den Traum erinnert.

Angstträume sind viel häufiger als Albträume, sie gehören in jedem Alter hin und wieder zum Traumalltag. In einer Befragung von 1300 Studenten gaben 86 Prozent an, im letzten Jahr einmal einen Angsttraum gehabt zu haben, nur 5 Prozent erlebten aber solche Träume wöchentlich. Häufige Angstträume sind korreliert mit Ängsten im Wachzustand und Schlafstörungen, wobei Stress, Pharmaka und Fieber eine verstärkende Wirkung haben können.

Der amerikanische Schlafforscher Ernest Hartmann untersuchte Menschen mit chronischen Angstträumen und stellte fest, dass sie nicht vermehrt die klassischen neurotischen Symptome aufweisen, sondern sich durch eine besondere Verletzlichkeit und Sensibilität, eine »dünne Haut«, auszeichnen.

Viele Menschen, die traumatische Ereignisse erlebten, wie Naturkatastrophen, Krieg, Verbrechen, wachen nachts von Angstträumen auf, in denen das traumatische Ereignis realistisch oder abgewandelt immer wiederkehrt. In der Regel verschwinden diese beunruhigenden Träume nach einiger Zeit, vor allen Dingen dann, wenn es den Menschen gelingt, das Erlebnis zu verarbeiten. Verdrängen sie es aber, kann sich eine posttraumatische Belastungsstörung entwickeln, die unter anderem mit Schlafstörungen und wiederkehrenden Träumen von dem belastenden Ereignis einhergeht.

Psychotherapeuten aller Richtungen können Menschen mit chronischen Angstträumen behandeln und es hat sich gezeigt, dass hier sowohl eine psychodynamische Konfliktbearbeitung als auch Methoden der Verhaltenstherapie erfolgreich sind.

## Luzide Träume

In einem luziden Traum, auch Klartraum genannt, wird man sich im Traum des Träumens bewusst und kann sich entschließen in das

Geschehen handelnd einzugreifen. Dieses Phänomen war schon lange bekannt, aber in letzter Zeit haben luzide Träume vor allem in den USA großes Interesse gefunden, weil Menschen hier einen Weg sehen, ihr Bewusstsein zu erweitern und unbewusste Kräfte zu meistern.

Obwohl jemand natürlich auch einmal davon träumen kann, dass er träumt, weil alles, was wir im Wachen wissen, auch Thema eines Traums sein kann, sind ausgesprochene Klarträume mit einer Kontrolle des Traumverlaufs sowohl in spontanen als auch in Laborträumen überaus selten. Es hat sich jedoch gezeigt, dass motivierte Träumer mit autosuggestiver Vornahme und durch Übung das Auftreten luzider Träume erhöhen können. Erfahrenen Klarträumern ist es auch gelungen, den Beginn eines solchen Traums mit vorher verabredeten Zeichen zu signalisieren, indem sie die Faust ballten oder in einer bestimmten Abfolge die Augen bewegten.

Aufgrund solcher Signale stellte man im Labor fest, dass Klarträume während des REM-Schlafs einsetzen. Es zeigt sich in diesen REM-Phasen ein höherer Anteil von Alpha-Wellen, die für einen entspannten Wachzustand kennzeichnend sind, und die dafür sprechen, dass Klarträume in einem Zwischenstadium von REM-Schlaf und Wachen erlebt werden. Luzide Träume kommen daher am ehesten in den Morgenstunden vor. Sie haben mit *normalen* Träumen die halluzinatorische Deutlichkeit gemeinsam, aber sie enthalten weitaus stärker gedankliche Aktivitäten und stehen inhaltlich dem Wachdenken näher.

Ein Beispiel des Psychologen Paul Tholey, der sich intensiv mit Klarträumen befasst hat, veranschaulicht ihre charakteristischen Merkmale:

»Mitten auf der Straße griff mich plötzlich ein übel aussehender Kerl mit erhobenem Knüppel an. Ich lief sofort weg, doch der Kerl verfolgte mich. Da rief vom Bürgersteig aus ein kleines Männchen,

das ich zuvor gar nicht bemerkt hatte: ›Schau dir doch den Kerl genauer an! Solche Figuren gibt es doch nur im Traum!‹ Ich blickte
kurz zurück. Der Verfolger sah wirklich nicht wie ein gewöhnlicher
Mensch aus; er war riesengroß und erinnerte mich an Rübezahl.
Mir war jetzt klar, dass ich mich im Traum befand, und ich setzte mit etwas Erleichterung meine Flucht fort. Da fiel mir plötzlich
ein, dass ich ja gar nicht zu fliehen brauchte, sondern etwas anderes tun konnte. Ich erinnerte mich daran, dass ich im Traum andere
Personen ansprechen wollte. Deshalb blieb ich stehen und fragte
den Verfolger, was er denn eigentlich wolle. Seine Antwort laute-
te: ›Woher soll ich das denn wissen; dies ist doch schließlich dein
Traum, und außerdem hast du doch Psychologie studiert und nicht
ich!‹ «

Ein luzider Traum kann in einen gewöhnlichen Traum übergehen
oder auch zu einem »falschen Erwachen« führen, das heißt, hier
träumt man nur wach zu werden.

## Wahrträume

In Wahrträumen erfahren Menschen Ereignisse, die an einem anderen Ort stattfinden, ohne dass sie davon wussten, oder die erst in der
Zukunft auftreten und normalerweise nicht zu erwarten sind. Solche
Erlebnisse gehören in das Gebiet der Parapsychologie. Sie unterscheidet bei der außersinnlichen Wahrnehmung Telepathie (Gedankenübertragung zwischen Menschen), Hellsehen (paranormale Wahrnehmung von Tatbeständen) und Präkognition (Vorausschau).

Das Demoskopische Institut in Allensbach stellte einmal in einer
repräsentativen Erhebung folgende Frage:

»Im Allgemeinen wissen wir nicht, was sich gerade an einem anderen Ort ereignet oder was in der Zukunft geschehen wird. Nun liest

und hört man immer wieder, dass es Leute gibt, die Vorfälle, welche sich an anderen Orten abspielten oder erst später eintraten, wussten oder im Traum sahen. Glauben Sie, dass es so etwas wirklich gibt?«

Es ist interessant, dass 53 Prozent der Befragten eine positive Antwort gaben, nur jeder Dritte glaubte nicht an solche Phänomene und der Rest sagte, er wisse es nicht. Zudem gab jeder Fünfte an, schon selbst telepathische oder präkognitive Erfahrungen gemacht zu haben.

Auswertungen dieser außergewöhnlichen Berichte zeigen, dass jedes fünfte telepathische Erlebnis im Traum stattfindet. Ein Problem stellt jedoch die Dokumentation der spontanen Berichte dar, die natürlich auf ihre Echtheit und Glaubwürdigkeit überprüft werden müssen. Bei Telepathie und Hellsehen ist es wichtig, dass der Bericht spezifische Details enthält und schriftlich festgelegt wurde, ehe ein paranormaler Bezug vermutet wurde. Bei der Präkognition ist darüber hinaus sicherzustellen, dass das Ereignis nicht im Rahmen der üblichen Erwartung lag.

Angesichts der Schwierigkeit, solche spontanen Erlebnisse hinreichend zu dokumentieren, wurden schon Ende des vorletzten Jahrhunderts Experimente durchgeführt, mit denen man den telepathischen Vorgang besser kontrollierte.

Wie bei »normalen« Experimenten zur Beeinflussung des Traums muss man natürlich besondere Vorsorge treffen: Das telepathische Signal muss spezifisch sein und dem Schläfer darf es vorher nicht bekannt sein. Die Weckschwelle jedoch, die bei der sensorischen Beeinflussung des Traums zu beachten ist, stellt hier kein Problem dar, da eine eventuelle Übertragung außerhalb der normalen Sinneswahrnehmung stattfindet.

Telepathische Experimente sind häufig nach folgendem Plan aufgebaut: Eine am Experiment unbeteiligte Person stellt eine Serie von Bildern oder Themen zusammen, die einzeln in Umschläge verschlossen und mit einem Code versehen werden. Während die Versuchsperson schläft, konzentriert sich ein »Sender«, der sich in einem anderen, abgeschirmten Raum befindet, auf ein Bild oder Thema, das erst jetzt zufällig aus dem Zielmaterial ausgewählt wird. Der Versuchsleiter, der die Aufzeichnung des Schlafs überwacht und der das betreffende Zielobjekt nicht kennt, signalisiert dem Sender den Beginn der Übertragung und nimmt dann den Traumbericht auf. Unabhängige Beurteiler schätzen später die Übereinstimmung der Träume mit den Zielobjekten ein und es wird statistisch überprüft, ob die Zahl der Treffer von der Zufallswahrscheinlichkeit abweicht.

Mit diesem Standardverfahren wurde eine Reihe von Telepathieexperimenten durchgeführt, die jedoch nur teilweise erfolgreich waren. Ein Beispiel für einen Treffer stammt von Calvin Hall: Der Sender stellte sich einen Boxkampf vor und verfolgte diesen pantomimisch, während sich die Versuchsperson in der 4. REM-Phase befand. Nach dem Wecken erinnerte sie sich an einen längeren Traum, der folgende Szene enthielt:

> »Der Traum wechselte in ein großes Auditorium über. Dort war ein Box-Match im Gange. Zwei junge Leichtgewichtsboxer kämpften miteinander. Einer war viel besser als der andere. Es schien, dass sein Gegner besiegt wurde und dass dann ein anderer kam. Der neue Boxer begann nicht schlecht auf den alten einzuhämmern, meine Sympathien wandten sich dem Unterlegenen zu und ich erinnere mich, dass ich aufstand und selbst ein paar Mal in die Luft boxte.«

In diese Traumszene sind die Gedanken des Senders direkt eingegangen und die Aktivität des Träumers widerspiegelt zudem die pantomimischen Aspekte der Übertragung. Um die Spezifität des gesendeten Themas zu überprüfen, hat Hall ausgezählt, wie oft es in den übrigen Träumen auftrat. Bei diesem Beispiel kam körperlicher Kampf nur in 4 von 97 Träumen vor, gehörte also nicht zu den häufigen Themen dieses Träumers.

Ähnlich wie bei der sensorischen Reizbeeinflussung muss man aber damit rechnen, dass telepathische Botschaften meistens nicht realistisch, sondern umgewandelt in den Traum eingearbeitet werden, was eine Zuordnung erschwert, wie ein anderes Beispiel veranschaulicht.

Hier stellte der Sender das »Fällen eines Kokosbaumes mit einer Axt« pantomimisch dar und der Empfänger träumte:

»Ich machte eine Art von Felsgestein sauber. An der Oberfläche befand sich irgendein organisches Wachstum von gelber Farbe. Ich schabte es mit einem Tafelmesser ab. Die gelbe Substanz ähnelte irgendwie dem Inneren einer Eichel.«

In diesem Bericht ist der Bezug zwischen dem Traum und dem telepathisch übermittelten Signal schon weniger evident, doch könnte die gelbe organische Substanz und die Form einer Eichel mit einer Kokosnuss in Verbindung gebracht werden, während der Tätigkeit des Abschabens und des Fällens ein aktives Beschädigen gemeinsam ist.

Telepathische Traumexperimente sind überaus interessant, wenngleich ein zweifelsfreier Nachweis, dass im Traum ein Stimulus von einer Psyche auf die andere unter Umgehung der normalen Sinneswahrnehmung übertragen wurde, überaus schwierig zu erbringen ist. Man muss abgrenzen, ob ein Stimulus zufällig aufgetreten ist, und darüber hinaus wird sein Erkennen erschwert, weil Träumer Signale meistens in verkleideter Form verarbeiten.

Die Untersuchung parapsychischer Phänomene steht zudem im Kontext eines jahrhundertealten Glaubensstreits. Auf der einen Seite stehen Vertreter, die von der Existenz solcher Phänomene überzeugt sind. Hier besteht die Gefahr, leichtgläubig zu sein und die methodischen Kontrollen bei Experimenten zu vernachlässigen. Auf der anderen Seite befinden sich Vertreter, die solche Phänomene aus weltanschaulichen Gründen für unmöglich halten. Sie können positive Befunde allzu leicht verwerfen und betrügerische Absichten auch dort unterstellen, wo sie im experimentellen Vorgehen kontrolliert wurden.

## Träume von blinden Menschen

Die visuelle Wahrnehmung im Wachen ist eine Voraussetzung für das Erleben bildhafter Träume. Das wird deutlich an den Träumen blinder Menschen, in denen, was man aufgrund von Fallberichten und Befragungen schon lange weiß, die akustischen, taktilen und kinästhetischen Vorstellungen im Vordergrund stehen.

Eine erste Laboruntersuchung führte in den USA die Psychologin Nancy Kerr mit einer Gruppe von Probanden durch, die unterschiedliche Grade von Sehbehinderung aufwiesen. Menschen, die von Geburt an blind waren oder vor dem 5. Lebensjahr erblindeten, hatten keine Träume mit visuellen Vorstellungen, sie berichteten stattdessen akustische und taktile Wahrnehmungen. Traumbilder blieben jedoch erhalten, wenn die Sehbehinderung erst im späteren Alter aufgetreten war. Abgesehen von diesem Unterschied wiesen die Träume der Blinden die gleiche Breite der Gestaltungen und Inhalte auf wie die Träume von nicht Sehbehinderten.

Die Kreativität des Träumens zeigte sich dort, wo später Erblindete Dinge und Menschen, die sie erst kürzlich kennen lernten, im Traum mit deutlicher Visualität erlebten. Sie konnten aufgrund ihrer früheren Erfahrungen ihr Wacherleben in visuelle Vorstellungen umsetzen.

In späteren Untersuchungen konnten diese Ergebnisse bestätigt werden. Menschen mit Sehbehinderungen schätzten die Deutlichkeit akustischer und kinästhetischer Traumwahrnehmungen allgemein höher ein als visuelle Vorstellungen, und das umso stärker, je geringer ihr Sehrest im Wachen war.

Auch von Geburt an blinde Personen geben manchmal an, im Traum etwas gesehen zu haben. Dies bedeutet aber, dass sie sich hier auf ihre Vorstellung von Bildhaftigkeit beziehen und nicht, dass sie in ihren Träumen »wirklich« etwas gesehen haben.

Der REM-Traum einer jungen Frau, die von Geburt an blind ist, veranschaulicht zusammen mit der Befragung die Art und Weise, wie sie ihren Traum erlebte.

»Ich kam nach Hause und dort gaben sie diese große Party für meinen Bruder. Und da waren alle die Leute in unserem Haus, die sich um das Geschirr rissen, verschiedene Dinge zu machen versuchten, und ich kam herein mitten in dieses Chaos und versuchte mitzukriegen, was vor sich ging.« (»Visuelle Eindrücke?«) »Da war irgendwelches Zeug auf dem Tisch, aber ich konnte nicht erkennen, was es war. Ich konnte nur so sehen wie im Wachen.« (»Akustische Eindrücke?«) »Ich habe an mehreren Gesprächen gleichzeitig teilgenommen, irgendwo lief ein Haartrockner, die Waschmaschine lief und Wasser rauschte. Jemand hantierte mit dem Geschirr, Leute sprachen, Kinder rannten im Hof herum, jemand klopfte an die Tür und einer ließ ihn herein.« (»Taktile Eindrücke?«) »Als ich am Küchentisch stand, war da ganz viel Zeug aufgetürmt. Ich hob alles auf und sagte: ›Was ist hier los, warum liegt all das Zeug hier?‹ Ich nahm ein Stück Seife aus einer Schachtel, fand eine Schnur für einen Haartrockner, dauernd fand ich lauter kleine verrückte Dinge.«

Das Beispiel zeigt den Reichtum einer Traumgestaltung, bei der akustische und taktile Wahrnehmungen im Vordergrund stehen.

## Individuelle Unterschiede des Träumens

Während der physiologische Schlafverlauf mit seinen altersspezifischen Merkmalen für alle Menschen charakteristisch ist und nur leichte Variationen aufweist, sind Traumgestaltungen und Trauminhalte viel individueller geprägt. Träume entstehen auf dem Hintergrund der persönlichen Erfahrungen und der aktuellen Interessen, und jeder Mensch hat unendlich viele Möglichkeiten, aus diesem Fundus Nacht für Nacht neue Erlebnisse zu schaffen.

Diese Vielfalt bringt es mit sich, dass alle Traummerkmale individuell unterschiedlich ausgeprägt sind. So enthält beispielsweise im Durchschnitt jeder zweite Traum bizarre Elemente, aber auf die einzelnen Träumer bezogen liegt die Spannbreite zwischen 0 und 80 Prozent, das heißt, es gibt Menschen, die durchgehend realistisch träumen und andere, die ihre Träume vorwiegend phantastisch ausschmücken.

Daher verwundert auch nicht das Ergebnis zahlreicher Untersuchungen, dass Träume von Frauen und Männern sich nicht grundsätzlich unterscheiden, sondern nur in einigen Merkmalen anders gewichtet sein können. In den spontanen Träumen der Normstichprobe, die Calvin Hall und Robert Van de Castle 1950 erstellten, war die Traumwelt der Frauen vertrauter, sie träumten, wie es ihren Interessen im Wachen entsprach, mehr von der häuslichen Umgebung und bekannten Menschen, während die Männer mehr von fremden Personen und physischen Aggressionen träumten.

Calvin Hall hat mit seinen Mitarbeitern 30 Jahre später erneut spontane Träume unter vergleichbaren Bedingungen erhoben und festgestellt, dass die gesellschaftlichen Veränderungen, die in der Zwischenzeit stattfanden, keine Angleichung der Träume von Männern und Frauen bewirkt hatten.

Auch die REM-Träume von Männern und Frauen weisen überwiegend Gemeinsamkeiten und nur vereinzelte Unterschiede auf. Milton Kramer, der mit seinen Kollegen über tausend REM-Träume auswertete, die von elf Studentinnen und elf Studenten stammten, fand mehr Fremdheit in den Träumen der Männer und in den Träumen der Frauen mehr Gedanken sowie eine stärkere Intensität des Erlebens.

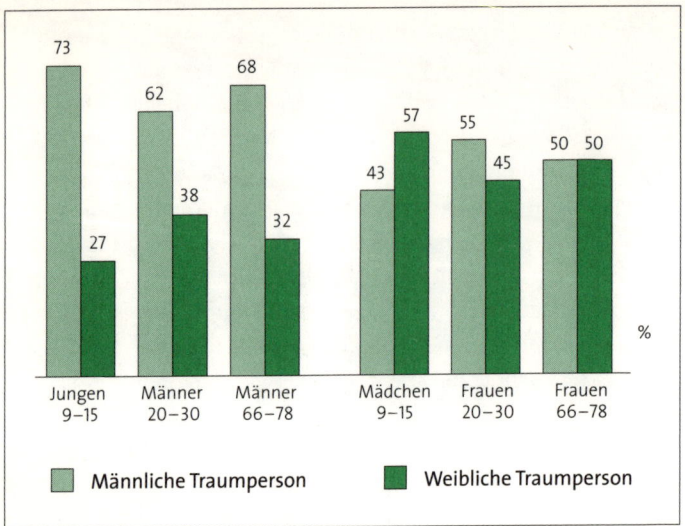

Abbildung 30: Das Geschlecht der Traumpersonen. Für diese Abbildung wurden insgesamt 2196 Traumcharaktere kodiert, die in 551 REM-Träumen von Kindern, 500 REM-Träumen von jungen Erwachsenen und 253 spontanen Träumen von älteren Menschen auftraten. Der Unterschied ist für Kinder und Senioren hochsignifikant, bei den jungen Erwachsenen nur tendenziell signifikant.

In der eigenen Untersuchung gestalteten Männer ihre Träume realistischer und gaben mehr positive Traumgefühle an als Frauen.

Diese wenigen Unterschiede wirken beliebig, weil sie nur selten bestätigt werden konnten, es gibt jedoch einen interessanten stabilen Unterschied, der sich auf die Wahl der Traumpartner bezieht: Männliche Träumer träumen mehr von männlichen als von weiblichen Personen, während bei Träumerinnen das Verhältnis eher ausgewogen ist.

Abbildung 30 veranschaulicht dieses Ergebnis beispielhaft für drei Altersgruppen: Jungen, Männer und Senioren träumten am häufigsten von Personen ihres eigenen Geschlechts, während Frauen und Seniorinnen annähernd gleich verteilt von männlichen und weib-

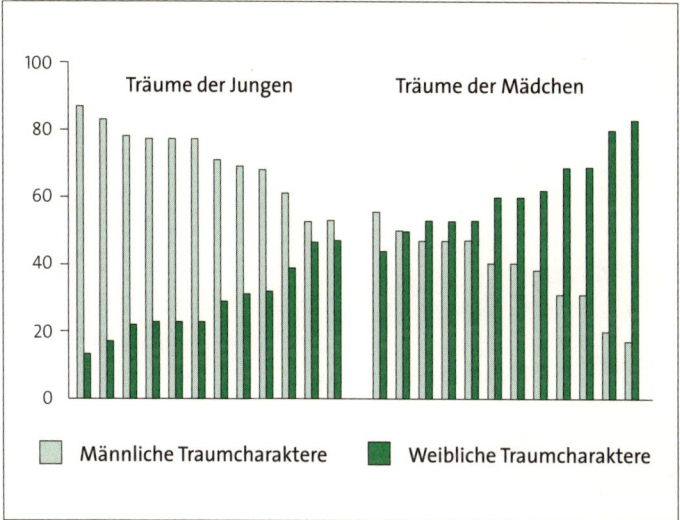

Abbildung 31: Der prozentuale individuelle Anteil männlicher und weiblicher Traumpersonen in REM-Träumen von zwölf Jungen und zwölf Mädchen im Alter von neun bis fünfzehn Jahren.

lichen Traumcharakteren träumten. Bei den Mädchen dagegen standen weibliche Traumpersonen im Vordergrund.

Dieser Geschlechtsunterschied in der Wahl der Traumpartner ist vielfach belegt. Calvin Hall durchforstete die Traumliteratur und fand in 29 von 35 empirischen Untersuchungen signifikante Unterschiede. Eine Dominanz männlicher Traumfiguren war charakteristisch für Spontan- und Laborträume von Studenten verschiedener Generationen, aber auch für männliche Jugendliche und ältere Männer sowie für Träumer aus mehreren anderen Ländern und Kulturen. Auch bei Männern, die sich als wenig maskulin einschätzten, waren männliche Traumpersonen in der Überzahl und in keiner dieser Untersuchungen hatten Frauen einen höheren Anteil männlicher Traumfiguren als die Männer.

Die geschlechtsspezifische Partnerwahl ist besonders polarisiert in den Träumen von Jugendlichen, weil in der Zeit der Identitätsfindung die Orientierung an der eigenen Geschlechtsrolle im Vordergrund steht. Das zeigt die individuelle Rangfolge von zwölf Jungen und zwölf Mädchen in Abbildung 31: Zehn Jungen träumten bevorzugt von Personen ihres eigenen Geschlechts und nur zwei zeigten keine Präferenz. Bei den Mädchen ist die Verteilung noch nicht so ausgewogen wie in Träumen der Frauen, weil sieben Mädchen in ihre Träume vor allem weibliche Personen einbezogen haben.

Ein charakteristisches Beispiel für ein Treffen mit Gleichgesinnten ist der folgende Traum eines 12-jährigen Jungen:

>Ich hab geträumt, ich und meine Kollegen waren auf dem Fußballfeld bei uns oben und da haben wir Fußball gespielt und die Fußballbälle haben wir zuerst immer mit Farbstift in verschiedenen Farben angemalt, jeder hat seinen Ball gehabt. Und nachher 30 Sekunden vor der Tagesschau im Radio, der Kollege von mir hat schon angefangen Sekunden zu zählen, sind wir dann heimgegangen, Tagesschau hören.<

An einem vertrauten Ort spielt der Junge mit seinen gleichaltrigen Freunden Fußball, eine beliebte Freizeitaktivität. Der Traum ist realistisch und nur die individuell bemalten Bälle wirken etwas >traumhaft<.

Und zum Vergleich der typische Traum eines 11-jährigen Mädchens:

>Ich habe geträumt, dass wir am Spaghettiessen gewesen sind. Also nein, am Vorbereiten, dass wir nachher essen können. Ich und zwei andere Mädchen haben den Tisch gedeckt und dann haben wir einfach ein bisschen über etwas gesprochen, so über Spaghetti und Essen und solche Dinge.<

Der Traum fand in einer fremden Wohnung statt, wo die Träumerin zusammen mit einem bekannten und einem fremden Mädchen das tat, was sie auch sonst gern macht, nämlich das Lieblingsessen vorbereiten und mit Freundinnen schwatzen.

Wie ist der weit verbreitete Unterschied in der Wahl der Traumpersonen zu erklären? Eine psychologische Interpretation geht davon aus, dass Träume das zum Ausdruck bringen, was einen Menschen persönlich beschäftigt. Demnach würden Männer mehr von anderen Männern träumen, weil für sie die männliche Welt besonders wichtig ist und ihr Selbstbild vor allem durch Männer bestätigt oder in Frage gestellt werden kann. Demgegenüber würden Frauen ausgewogener von beiden Geschlechtern träumen, weil sie sich nicht nur an der weiblichen Rolle orientieren, sondern sich auch mit den Maßstäben der männlichen Welt auseinander setzen müssen.

Eine andere Erklärung, die weniger einleuchtend erscheint, geht von den Wacherfahrungen der Menschen aus. Hier nimmt man an, dass Männer mehr von anderen Männern träumen, weil sie in ihrem Beruf und im öffentlichen Leben häufiger mit Männern Kontakt haben, während dies im Alltag von Frauen in der Regel weniger der Fall ist. Der deutsche Traumforscher Michael Schredl fand mit seinen Mitarbeitern, dass das Geschlechterverhältnis der Traumcharaktere in direktem Zusammenhang mit den sozialen Kontakten im Alltag stand.

Die Träume von Menschen mit körperlichen und psychischen Erkrankungen weichen von Träumen gesunder Menschen in dem Maße ab, wie sich ihr Befinden im Wachzustand unterscheidet, was auf eine Übereinstimmung von Wach- und Traumerleben hinweist.

Michael Schredl untersuchte mit seinen Mitarbeitern die Träume von Patienten, die unter chronischen Schlafstörungen leiden. Im Vergleich mit einer Kontrollgruppe gesunder Menschen hatten die Patienten mehr Träume mit negativen Gefühlen, stellten sich als beeinträchtigt dar und thematisierten ihre Erkrankung, das heißt, die Belastungen des Wachlebens fanden auch in den Träumen ihren Ausdruck.

In mehreren Untersuchungen hat sich gezeigt, dass die Träume schizophren erkrankter Menschen dieselben Störungen im Denken und Erleben wie im Wachen aufweisen.

Die meisten Erhebungen wurden mit depressiv erkrankten Menschen durchgeführt. Eine Forschergruppe am Zentralinstitut für Seelische Gesundheit in Mannheim berichtete, dass depressive Menschen sich nur selten an Träume erinnern, nur jede fünfte REM-Weckung brachte einen Traumbericht. Meistens gaben die Patienten an, gar nicht geträumt zu haben, oder sie wussten geträumt zu haben, konnten sich aber nicht an den Inhalt erinnern. Die Träume waren kurz, bestanden aus fragmentarischen Alltagsepisoden und waren von einer eher negativen Grundstimmung getragen, allerdings wurde die Erkrankung selbst nicht thematisiert. Es muss offen bleiben, ob bei einer Depression das Träumen selbst eingeschränkt ist oder ob nur die Traumerinnerung besonders stark blockiert ist.

## Träume und Wachphantasien

Träume und Phantasien entstehen in verschiedenen Bewusstseinszuständen, aber ihnen ist gemeinsam, dass sie nicht unmittelbar von der Wahrnehmung der Wachwelt ausgehen, sondern Vorstellungen und Gedanken aufgrund persönlicher Erfahrungen abrufen und neu gestalten. Es gibt nur zwei eindeutige Unterschiede: Träume kann man nicht willentlich hervorrufen und man erlebt sie als wirklich, während man Phantasien bewusst steuern kann und dabei weiß, dass sie erfunden sind.

In den wenigen Untersuchungen, in denen REM-Träume und Wachphantasien von denselben Personen verglichen wurden, zeigten sich viele Parallelen in der Struktur und den Inhalten, aber auch bedeutsame Unterschiede in der Verteilung einzelner Merkmale.

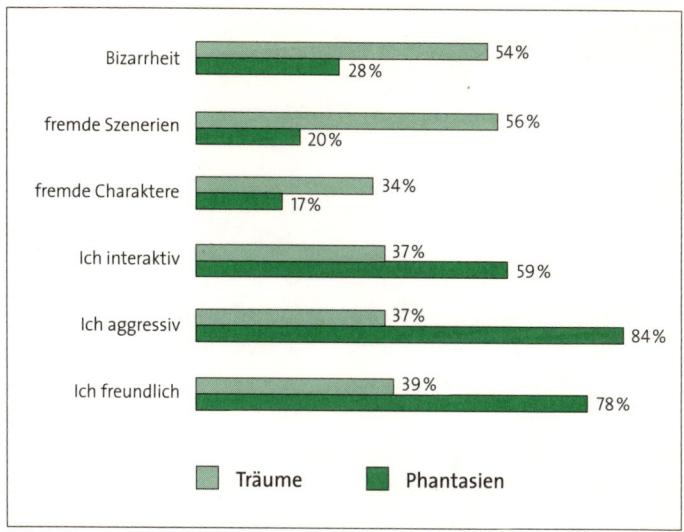

Abb. 32: Der Vergleich von 248 Wachphantasien und 551 REM-Träumen, die 24 Kinder im Alter von 9 bis 15 Jahren berichteten. Träume sind bizarrer und finden häufiger in fremden Umgebungen mit unbekannten Personen statt, während in Phantasien das Ich aktiver an sozialen Interaktionen beteiligt ist.

Phantasien sind gewöhnlich länger als Träume, was nicht erstaunt, weil sie im Wachzustand fortlaufend kreiert und berichtet werden können, während Träume nach dem Aufwachen erinnert und rekonstruiert werden müssen.

In einer eigenen Untersuchung mit Kindern werteten wir REM-Träume und Wachphantasien, die unter vergleichbaren Bedingungen im Labor erhoben wurden, mit denselben Methoden aus. Träumen und Phantasien war gemeinsam eine überwiegend positive Gefühlsqualität und eine Auswahl der Themen, die den Interessen dieser Altersgruppe entsprechen. Wie in den Träumen waren auch die Phantasiepartner bei den Jungen in erster Linie gleichaltrige Jungen und bei den Mädchen Freundinnen.

In Abbildung 32 sind die Merkmale aufgeführt, in denen sich Träume und Phantasien der Kinder eindeutig unterscheiden. Nur eine von vier Phantasien, aber jeder zweite Traum enthielt bizarre Elemente, das heißt, Träume sind bizarrer als Phantasien, weil häufiger phantastische Orte, Personen, Handlungen oder Objekte in den Geschehensablauf eingestreut sind. Aber Phantasien konnten auch bizarr gestaltet und »traumhaft« sein, weil dieses Stilmittel bewusst eingesetzt werden kann.

Phantasien bewegten sich vorwiegend im vertrauten Umfeld in Interaktion mit bekannten Personen, Träume fanden mehr in unbekannten Umgebungen statt und hier waren fremde Menschen öfter anzutreffen. Vorstellungen im Wachen knüpften mehr an vertraute Erfahrungen an, Fremdes schien weniger Anreiz zu bieten.

Der markanteste Unterschied zwischen Phantasien und Träumen betrifft die Selbstdarstellung. Die Kinder waren in ihren Phantasien aktiver im Sprechen und Handeln als in ihren Träumen. Bei aggressiven und freundlichen Interaktionen übernahmen sie eine dominante Rolle, im Traum dagegen waren sie häufiger »Opfer« und »Beschenkte«.

Angeregt von der Vorgabe: »Stell dir vor, du hättest eine Tarnkappe, die dich unsichtbar macht« entwickelte ein 10-jähriger Junge eine Phantasie mit einer massiven Aggression:

»Ja, mit dieser Tarnkappe würde ich wahrscheinlich einmal etwas machen, das ich eigentlich nicht so dürfte. Denn wenn ich diese Tarnkappe anziehe, dann bin ich ja unsichtbar, dann könnte ich ja einmal einem, auf den ich sehr wütend bin, in den Hintern einen Fußtritt geben oder einen so erschrecken, also einfach reden aus der Luft. Der sieht mich nicht. Ja, oder sonst noch lustige Sachen machen. Oder wenn ich ins Bett müsste, würde ich vielleicht noch einmal die Tarnkappe anziehen und noch ein bisschen etwas anderes machen, aus dem Zimmer gehen und irgendwo ein bisschen herumschleichen, auch noch ein bisschen fernsehen mit der Mami, das, was sie gerade schaut.«

Ein 11-jähriges Mädchen erfand zum Thema: »Stell dir vor, es hätte über Nacht zwei Meter hoch geschneit« eine Geschichte, in der sie über Zauberkräfte verfügt, selbstbewusst eine Rennbahn baut und ihre ganze Klasse einlädt und bewirtet:

»Ich würde schnell aus dem Bett raus springen, um zu Morgen zu essen. Und nachher schnell raus, um eine Rodelbahn zu bauen. Und dann würde ich mir einen neuen Bob herzaubern. Und dann würde ich alle von unserer Klasse einladen zu einem Rodelrennen. Und dann kommen alle herein, um einen warmen Tee zu trinken oder eine heiße Ovomaltine. Und dann gehen wir vielleicht auf den Pfannenstiel rauf und schlitteln runter. Und wenn die Sonne nicht scheint, würde ich mir die Sonne herwünschen oder so einen richtigen schönen Schneesturm, das wäre auch toll. Dann am Abend würde ich einfach wieder reingehen und ein Buch lesen.«

Die Interpretation liegt nahe, dass Kinder sich in den Phantasien so präsentieren, wie sie gerne sein möchten, während sie sich träumend so darstellen, wie sie sich in ihrem Alltag sehen. Phantasien entwerfen in dieser Hinsicht ein Wunsch- und Idealbild, während Träume eine realistische Sicht von sich selbst und der Umwelt spiegeln.

In der Forschung wird seit langem die Frage diskutiert, ob Vorstellungen und Gedanken in Traum und Phantasie in ein Kontinuum einzuordnen sind oder in einer komplementären Beziehung zueinander stehen. Die von vielen Forschern favorisierte Kontinuitätshypothese postuliert, dass der Strom des Bewusstseins im Wachen und im Schlaf sich mit denselben Dimensionen beschreiben lässt und dass nur graduelle Unterschiede bestehen. Auf diese Frage gibt es keine eindeutige Antwort, weil Kontinuität und Komplementarität vom jeweiligen Merkmal und der Person abhängen. So stimmt beispielsweise geschlechtsspezifisch die Partnerwahl in Träumen und Phantasien weitgehend überein, während die Art der Selbstrepräsentation und die Rollen bei sozialen Interaktionen auffällig diskrepant sind.

Das zeigt sich auch auf der individuellen Ebene. Es gibt Kinder, die Träume und Phantasien sehr verschieden gestalten und andere, bei denen die Gemeinsamkeiten im Vordergrund stehen. So hatten beispielsweise einige Kinder ausgesprochen bizarre Träume, während ihre Phantasien vor allem wirklichkeitsnah waren. Hier bestand eine eindeutige komplementäre Beziehung zwischen phantastischen Traumvorstellungen und realitätsorientiertem Wachdenken. Andere Kinder verhielten sich kontinuierlich, indem sie ihre Träume und Phantasien entweder durchgehend realitätsnah oder bizarr gestalteten.

## Funktionen des Träumens

Die Frage, warum wir träumen, ist letztlich genau so wenig zu beantworten wie die Frage, warum wir wahrnehmen, denken und fühlen. Dennoch haben die Menschen seit jeher über die Entstehung und Bedeutung des Träumens nachgedacht und viele Theorien aufgestellt, die von Abwertungen bis zu Überbewertungen reichen.

Für Sigmund Freud sind Träume die »Hüter des Schlafs«, weil sie die im Vorbewussten aktivierten Wünsche halluzinatorisch binden und verschlüsseln, damit der Schlaf fortgesetzt werden kann; das heißt, Träume beeinflussen die Physiologie des Schlafs. Für Carl Gustav Jung haben Träume eine rein psychologische Funktion, indem sie einen den Reifungsprozess fördernden Ausgleich schaffen zwischen bewussten und unbewussten seelischen Grundhaltungen.

Die zahlreichen Ergebnisse, die Schlaf- und Traumforscher aufgrund des methodischen Forschritts in den letzten Jahrzehnten erzielt haben, regten zu neuen Theorien an. Die meisten Überlegungen gehen in die Richtung, dass während des Träumens auf irgendeine Weise Informationen verarbeitet werden. Eindrücke des Vortags, die sich im mittelfristigen Gedächtnisspeicher befinden, werden gelöscht oder in den Langzeitspeicher übernommen, wodurch das Gedächtnis umstrukturiert wird. Einen Bezug zum Wachleben enthalten die Auffassungen, dass Träume der Vorbereitung zukünftiger Handlungen dienen, zur Lösung aktueller Konflikte beitragen und einen Stimmungsausgleich herstellen.

Das Modell der Zürcher Forscher Martha Koukkou und Dietrich Lehmann ist ein Beispiel für eine Theorie, in der sich neurophysiologische und psychologische Befunde verbinden. Sie unterscheiden verschiedene funktionelle Zustände des Gehirns, die physiologisch durch die verschiedenen Formen der Hirnstromaktivität und psychologisch durch jeweils eigene Gedächtnisspeicher definiert sind. Jeder Speicher ist mit den Denkstrategien gekoppelt, die für bestimmte Entwicklungsstufen charakteristisch sind, und seine Inhalte sind nur in bestimmten Zuständen verfügbar. So ähnelt der Tiefschlaf mit den langsamen Wellen dem Wachzustand in der frühen Kindheit. Er ist demnach ein regressiver Zustand, der mit den Denkregeln verknüpft ist, die für die frühe Kindheit spezifisch sind.

Während des Schlafs fluktuiert der Mensch zwischen verschiedenen Funktionszuständen hin und her. Befindet er sich in einem entwicklungsgeschichtlich früheren Zustand, wird altes Gedächtnismaterial aufgerufen. Diese früheren Erfahrungen werden im Kurzzeitspeicher für die Integration und Bearbeitung neuer Informationen benutzt.

Bei allen Theorien zur Funktion des Träumens stellt sich das Problem, dass sie in empirisch überprüfbare Hypothesen umgesetzt und in Untersuchungen bestätigt werden müssen. Bis heute liegen noch keine Ergebnisse vor, die eindeutig für die eine oder andere Theorie sprechen. In neuerer Zeit stellen Neurophysiologen mit bildgebenden Verfahren fest, welche Bereiche des Gehirns während des REM-Schlafs besonders aktiv sind, und der Neuropsychologe Mark

Solms untersucht, welche Hirnstrukturen intakt sein müssen, um Träume zu generieren und zu erinnern. Diese Methoden können aber keine Antwort auf die Funktion des Träumens geben, weil Träume nicht durch Hirnströme und verschiedene Areale des Gehirns definiert werden, sondern psychische Erfahrungen darstellen. Körper und Psyche sind zwei Systeme, die zwar komplementär aufeinander bezogen sind, aber sie erklären sich weder einseitig noch wechselseitig.

Angesichts der offenen Frage zur Funktion des Träumens sind Alltagstheorien besonders interessant, weil unabhängig von den Ergebnissen der Forschung Menschen Vorstellungen darüber haben, warum sie träumen. Wir fragten 9- bis 10-jährige Kinder nach dem Grund des Träumens und ihre Antworten waren sehr aufschlussreich. Ein Junge meinte: »Also ich träume meistens, was ich gemacht habe und dann ist das Erinnerung.« Er hat die richtige Beobachtung gemacht, dass Tagesreste in Träumen eine große Rolle spielen. Ein anderer Junge stellte die Überlegung an: »Ja irgendwie, wenn man etwas denkt, das geht einem nicht aus dem Kopf und nachher stellt man sich das so vor und dann sieht man das irgendwie.« In seiner Aussage wird die Informationsverarbeitung im Traum angedeutet. Ein Mädchen antwortete: »Man träumt, weil man sich etwas erhofft«, sie hat die Wunscherfüllung angesprochen, die für die Psychoanalyse die wesentlichste Funktion darstellt. Ein anderes Mädchen fand: »Vielleicht ist es zum etwas Hinauslassen. Wenn ich mit meinem Bruder wütend bin, dann habe ich einen schlechten Traum, aber dafür bin ich dann am Morgen mit dem Bruder nicht mehr wütend, weil ich das ausgeträumt habe.« Sie hat die Funktion des Traums umschrieben, einen Stimmungsausgleich zu schaffen. Und schließlich meinte ein Mädchen: »Wir träumen, damit es uns in der Nacht nicht langweilig ist«, eine besonders einleuchtende Antwort, weil sie auf die Fähigkeit des menschlichen Geistes verweist, auch dann weiter zu empfinden und zu erleben, wenn die Wahrnehmung der Außenwelt in den Hintergrund tritt.

# GLOSSAR

**Albträume** – Jähes Hochschrecken aus dem Schlaf, das mit großer Angst, körperlicher Erregung und erschwerter Orientierung einhergeht. Sie treten im Tiefschlaf, am häufigsten in der Kindheit, auf und es werden nur fragmentarische Angstinhalte erinnert. *s. S. 95 ff.*

**Angstträume** – Träume, die mit starken negativen Gefühlen verbunden sind. Sie kommen vor allem im REM-Schlaf vor und werden gut erinnert. *s. S. 99*

**Befindlichkeiten** – In Träumen werden oft keine spezifischen ▸ Gefühle, wie Freude oder Ärger erlebt, man kann aber angeben, ob man sich gut oder unwohl gefühlt hat. *s. S. 39*

**Bizarrheit** – Ungewöhnliche von der Wirklichkeit abweichende Traumelemente. Bizarrheit kann in Szenerien, Personen, Handlungen, Gegenständen, Sprache und Gedanken zum Ausdruck kommen. Träume sind eher selten durchgängig wirklichkeitsfremd, bizarre Elemente sind mehr in die Traumhandlung eingestreut. *s. S. 19, 50 ff.*

**Charaktere** – Eine Inhaltskategorie für im Traum auftretende Lebewesen, die nach Geschlecht, Alter und Bekanntheitsgrad klassifiziert werden. *s. S. 44*

**Einschlafstadium** – Der meist kurz dauernde Übergang vom Wachen in den Schlaf, der als EEG-Stadium 1 kodiert wird. Bei vielen Menschen stellen sich in diesem Zustand ▸ hypnagoge Halluzinationen ein. *s. S. 56*

**EEG (Elektroenzephalogramm)** – Aufzeichnung der Hirnaktionsströme mit Elektroden, die auf der Kopfhaut befestigt sind. Aufgrund ihrer Frequenz und Amplitude unterteilt man sie in bestimmte Wellenformen, beispielsweise sinusförmige Alphawellen, die im entspannten Wachzustand dominieren und langsame hohe Deltawellen, die im Tiefschlaf auftreten. *s. S. 6, 12*

**EMG (Elektromyogramm)** – Messung der Muskelspannung, die zur Schlafstadienbestimmung unterhalb des Kinns abgeleitet wird. Im ▸ REM-Schlaf sinkt die Muskelspannung ab. *s. S. 12 f.*

**EOG (Elektrookulogramm)** – Aufzeichnung der Augenbewegungen, die man nach Häufigkeit und Richtung auswertet. Langsame rollende Augenbewegungen kommen im ▸ Einschlafstadium vor, während sie im ▸ REM-Schlaf schnell sind und bündelweise auftreten. *s. S. 12 f.*

**Gedanken** – Das Traum-Ich denkt häufig über das ablaufende Geschehen nach, doch sind solche Gedanken und innere Kommentare sehr am Augenblick orientiert und nicht leicht zu erinnern. *s. S. 37 f.*

**Gefühle** – Positive und negative Emotionen, die das Traumerleben begleiten. Sie sollten gleich nach dem Aufwachen berichtet und in ihrer Intensität eingeschätzt werden, weil sie sich oft nicht nachhaltig einprägen. *s. S. 39 ff.*

**Gestaltungsmittel** – Träume setzen sich zusammen aus ▸ Sinneswahrnehmungen, ▸ Gedanken, und ▸ Gefühlen, die realitätsnah oder bizarr sein können. *s. S. 81*

**Handlungen** – Eine Inhaltskategorie, mit der Aktivitäten kodiert werden, die das Traum-Ich und andere Charaktere ausführen, beispielsweise Körperbewegungen, Sprechen, Ortswechsel. *s. S. 18, 22*

**Hypnagoge Halluzinationen** – Anschauliche Vorstellungen im Übergang vom Wachen in den Schlaf. Sie stellen sich unvermittelt ein, sind häufig bruchstückhaft und werden meist mit Distanz erlebt. *s. S. 57*

**Inhaltsanalyse** – Die Klassifikation von Trauminhalten. Mit verschiedenen Kategorien, wie ▸ Szenerien, ▸ Charaktere, ▸ Handlungen, ▸ Soziale Interaktionen, wird eine Bestandsaufnahme der Träume vorgenommen. *s. S. 19 ff.*

**Längenmaße** – Eine Auszählung der Traumberichte nach der Anzahl der Wörter oder der Handlungs- und Erlebniseinheiten. Nicht berücksichtigt werden Wiederholungen, Assoziationen und Bemerkungen, die sich an den Empfänger des Berichts richten. *s. S. 18*

**Latenter und manifester Traum** – Freud ging davon aus, dass dem erinnerten manifesten Traum ein latenter Traumgedanke zugrunde liegt. Der Traumgedanke, bei dem es sich um einen unbewussten Triebwunsch handelt, wird mit Hilfe der Traumarbeit in verdichtete und verschobene Bilder umgesetzt, die für das Ich nicht beunruhigend sind und seinen Schlaf nicht stören. *s. S. 8*

**Luzide Träume** – Spontan eher selten auftretende Phänomene im REM-Schlaf, bei denen Träumer sich bewusst werden zu träumen und in das Geschehen eingreifen können. Durch Übung kann es gelingen, solche Träume vor allem in der letzten REM-Phase zu provozieren und ihr Auftreten durch verabredete Zeichen zu signalisieren. *s. S. 99*

**Non-REM-Schlaf** – Die Schlafstadien 1 bis 4, die mit einer zunehmenden Schlaftiefe einhergehen. Sie heben sich vom ▸ REM-Schlaf durch eine stärkere Gleichförmigkeit der körperlichen Vorgänge ab. *s. S. 13, 59 f.*

**Realitätscharakter** – Eine globale Einschätzung des Traums auf der Dimension: realistisch – erfinderisch – phantastisch, mit der der Wirklichkeitsbezug eines Traums bestimmt wird. Phantastische Träume sind am häufigsten in der Kindheit, bei jungen Erwachsenen dominieren erfinderische Träume, während ältere Menschen sie vorwiegend realistisch gestalten. *s. S. 51, 85*

**REM-Schlaf (abgeleitet von Rapid Eye Movement)** – ein Stadium mit niedriger, rascher Aktivität im ▸ EEG, schnellen ruckartigen Augenbewegungen im ▸ EOG und einem Absinken der Muskelspannung im ▸ EMG. Der REM-Schlaf setzt phasenweise alle anderthalb Stunden ein, dauert gegen Morgen länger und umfasst bei Erwachsenen rund 20 Prozent der Schlafzeit. *s. S. 13, 27*

**Schlafstadien** – Die Einteilung des Schlafverlaufs aufgrund des ▸ EEG in verschiedene Stadien, die zyklisch einander abwechseln und sich im Grad der Aktivierung unterscheiden. Träume werden in den verschiedenen Schlafstadien erhoben und verglichen. *s. S. 12, 56 ff.*

**Sekundäre Bearbeitung** – ein von Freud geprägter Begriff, der die Anpassung des Traums an die Logik des Wachdenkens bedeutet. *s. S. 34*

**Selbstdarstellung** – Die Rolle, die das Ich im Traumgeschehen übernimmt. Es kann distanzierter Beobachter sein, Mitläufer oder aktiv involviert sein. Die Fähigkeit zur aktiven Teilnahme des Traum-Ich entwickelt sich erst im Laufe der Kindheit. *s. S. 48 f., 79*

**Sinneswahrnehmungen** – Bildhafte Vorstellungen kommen in nahezu jedem Traum vor, mit Ausnahme der Träume von blinden Menschen. Aber wenn man Träumer genau befragt, sind auch akustische Wahrnehmungen und Körpergefühle überaus häufig, während Geruch und Geschmack nur selten berichtet werden. *s. S. 35 ff.*

**Soziale Interaktionen** – Eine Inhaltskategorie für aggressive, freundliche und sexuelle Handlungen in Träumen. Man unterscheidet verschiedene Intensitätsstufen und bestimmt die Rolle der Traumcharaktere bei der Interaktion, so bei der Aggression Täter und Opfer. *s. S. 19 f., 46 ff.*

**Spontane Träume** – Träume, die nach spontanem Aufwachen und nicht nach gezielten Weckungen erinnert werden. *s. S. 10, 81*

**Sprechen** – Gespräche sind in Träumen sehr häufig und konkret. Die Sprachbeteiligung des Traum-Ich entwickelt sich aber erst im Laufe der Kindheit. *s. S. 46 ff., 76*

**Stimulation vor dem Schlaf** – Eine experimentelle Beeinflussung des Traums in der Vorschlafsituation. Beispielsweise wird vor dem Einschlafen ein Angst erregender Film gezeigt und untersucht, ob in den nachfolgenden Träumen dieses Erlebnis oder seine Gefühlslage aufgegriffen wird. *s. S. 17, 90 ff.*

**Stimulation während des Schlafs** – In verschiedenen Schlafstadien werden akustische oder taktile Reize dargeboten, die unter der Weckschwelle bleiben, beispielsweise ein »Weinen« oder die Berührung mit einem Wattebausch. Die nach der anschließenden Weckung erinnerten Träume werden in Bezug auf die Verarbeitung der Stimuli eingestuft, die direkt oder transformiert sein kann. *s. S. 17, 92 ff.*

**Szenerien** – Eine Inhaltskategorie, bei der die Traumumgebungen nach ihrer Örtlichkeit (Innenräume – Außenwelt) und ihrem Bekanntheitsgrad (vertraut – verfremdet – unbekannt – unbestimmt) kodiert werden. *s. S. 4, 42 f.*

**Tagesreste** – Wahrnehmungen und Gedanken, die am Vortag aktiviert wurden und die in Träumen der folgenden Nacht aufgegriffen werden. Sie sind überaus häufig, werden aber zu neuen Erlebnissen verarbeitet. *s. S. 9, 65 ff.*

**Tagtraum** – Phantasien, die im Wachzustand erlebt werden. Sie können traumartige Merkmale zeigen, sind aber bewusstseinsnah und können gesteuert werden. *s. S. 3, 112 ff.*

**Themen** – Eine globale Kategorisierung der Träume, bei der ein Leitgedanke bestimmt wird, beispielsweise für den Alltag Beruf, Haushalt und Unterwegssein und für die Freizeit Sport und Reisen. *s. S. 48 f.*

**Traumbericht** – Die verbale Umsetzung des Traums, die abhängig ist von der Deutlichkeit der Erinnerung und der Fähigkeit ein anschauliches Erleben in Worten zu beschreiben. *s. S. 10, 31 ff.*

**Traumdeutung** – Eine wichtige Methode in verschiedenen Psychotherapien, bei der mit Hilfe von Assoziationen und Daten aus der Lebensgeschichte unbewusste Einstellungen und Konflikte aufgedeckt werden, die zu einem besseren Selbstverständnis führen können. *s. S. 7 ff.*

**Traumerinnerung** – Träume des REM-Schlafs werden am besten erinnert, während Weckungen aus den Non-REM-Stadien weniger erfolgreich sind. Die Erinnerung ist abhängig vom Schlafstadium, der Weckschwelle, der Traumqualität, der Fähigkeit zur Introspektion und der Motivation. Die Traumerinnerung entwickelt sich erst im Verlauf der Kindheit. Nach Weckungen aus dem REM-Schlaf steigt sie mit dem Alter kontinuierlich an, ebenso nach Weckungen aus den Non-REM-Stadien, wenngleich auf niedrigerem Niveau. *s. S. 26 ff., 59 f.*

**Traumquellen** – Träume setzen sich zusammen aus dem im Gedächtnis gespeicherten allgemeinen Wissen sowie den früheren und aktuellen Erfahrungen, die immer wieder neu kombiniert werden. *s. S. 64 ff.*

**Traumserien** – Träume, die über einen längeren Zeitraum aufgeschrieben wurden oder die im Laufe einer Nacht nach Weckungen aus verschiedenen Schlafstadien erinnert wurden. *s. S. 62 ff.*

**Traumsymbole** – Trauminhalte können im Prozess der Deutung als Sinnbild für andere Begriffe verstanden werden. So wird beispielsweise die Schlange als Sexualsymbol und der Stier als Aggressionssymbol gedeutet. Wichtig ist jedoch, dass der Sinngehalt eines Traumsymbols nicht feststehend ist, sondern im individuellen Kontext bestimmt werden muss. *s. S. 7 f., 46, 57*

**Traumtagebücher** – Das Aufzeichnen von spontan erinnerten Träumen im Alltag über einen längeren Zeitraum. *s. S. 10 ff.*

**Wahrträume** – Träume, in die Informationen eingehen, die auf Gedankenübertragung, Hellsehen oder Vorausschau in die Zukunft zurückzuführen sind. *s. S. 7, 101 ff.*

**Weckschwelle** – Die Zeit zwischen einem Aufwecksignal und dem bewussten Wachwerden. Die Weckschwelle ist am niedrigsten in wachnäheren Schlafstadien und am höchsten im Tiefschlaf. *s. S. 17, 56*

**Weiße Träume** – Hier erinnert man sich daran, geträumt zu haben, kann aber den Inhalt nicht zurückrufen. *s. S. 31*

**Zeitbezug** – Die Zurückführung von Trauminhalten auf Wahrnehmungen, Gedanken und Erlebnisse des Wachzustands. Man stellt hier die Frage, wann ein bestimmtes Traumelement konkret oder in Gedanken zum letzten Mal im Wachen aufgetreten ist. *s. S. 65 ff.*

TRAUM- UND SCHLAFFORSCHUNG
IM ÜBERBLICK

Borbély, A.: Schlaf. Fischer Taschenbuch Verlag
Frankfurt (2004).

Strauch, I. und Meier, B.: Den Träumen auf der Spur.
Zugang zur modernen Traumforschung. 2., voll.
überarb. und erg. Auflage. Huber Verlag Bern
(2004).

Foulkes, D.: Dream research: 1953–1993. Sleep 19
(1996), S. 609–624.


HISTORISCHE ARBEITEN ZUR
TRAUMPSYCHOLOGIE

Calkins, M. W.: Statistics of dreams. American Journal of Psychology 5 (1893), S. 311–343.

Freud, S.: Vorlesungen zur Einführung in die Psychoanalyse. S. Fischer Verlag Frankfurt (1969).
(Original erschienen 1917).

Hacker, F.: Systematische Traumbeobachtungen
mit besonderer Berücksichtigung der Gedanken. Archiv für die Gesamte Psychologie 21 (1911),
S. 1–131.

Hervey de Saint-Denys: Les rêves et les moyens de
les diriger. o.O.: Claude Tschou. (1964). (Original
erschienen 1867).

Hildebrandt, F. W.: Der Traum und seine Verwer-
thung für's Leben. Eine psychologische Studie.
Edwin Schloemp Verlag Leipzig (1875).

Köhler, P.: Beiträge zur systematischen Traumbe-
obachtung. Archiv für die Gesamte Psychologie
22 (1912), S. 415–483.

Ladd, G. T.: Contribution to the psychology of visual dreams. Mind 1 (1892), S. 299–304.

Maury, A.: Le sommeil et les rêves. Librairie Acadé-
mique Paris (1865).

Weed, S. C. and Hallam, F. M.: A study of the dream
consciousness. American Journal of Psychology
7 (1896), S. 405–411.


TRAUMERHEBUNG UND TRAUMAUSWERTUNG

Aserinsky, E. and Kleitman, N.: Regularly occurring
periods of eye motility and concomitant phenomena during sleep. Science, 118 (1953), S.
273–274. Erste Beschreibung des REM-Schlafs
beim Menschen.

Borbély, A.: Schlafgewohnheiten, Schlafqualität
und Schlafmittelkonsum der Schweizer Bevöl-
kerung. Ergebnisse einer Repräsentativumfra-
ge. Schweizerische Ärztezeitung, 65 (1984), S.
1606–1613.

Cohen, D. B. and Wolfe, G.: Dream recall and re-
pression: Evidence for an alternative hypothesis. Journal of Consulting and Clinical Psychology 41 (1973), S. 349–355.

Dement, W. and Kleitman, N.: Cyclic variations in
EEG during sleep and their relation to eye movements, body motility, and dreaming. Electroen-
cephalography and Clinical Neurophysiology 9
(1957), S. 673–690. Noch heute gültige Beschreibung der Schlafzyklen.

Domhoff, G. W.: Finding meaning in dreams. A
quantitative approach. Plenum Press New York
(1996).

Hall, C. S. and Van de Castle, R. L.: The content ana-
lysis of dreams. Appleton-Century-Crofts New
York (1966).


PHÄNOMENOLOGIE DER TRÄUME

Antrobus, J.: REM and NREM sleep reports: Comparison of word frequencies by cognitive
classes. Psychophysiology 20 (1983), S. 562–568.

Dement, W. and Wolpert, E. A.: Relationships in the
manifest content of dreams occurring on the
same night. Journal of Nervous and Mental Disease 126 (1958), S. 568–578.

Fisher, C., Kahn, E., Edwards, A., Davis, D. M. and
Fine, J.: A psychophysiological study of nightma-
res and night terrors. III. Mental content and recall of stage 4 night terrors. The Journal of Nervous and Mental Disease 15 (1974), S. 174–189.

Foulkes, D., Meier, B., Strauch, I., Kerr, N. H., Bradley,
L. and Hollifield, M.: Linguistic phenomena and

language selection in the REM-dreams of German-English bilinguals. International Journal of Psychology 28 (1993), S. 871–891.

Foulkes, D. and Schmidt, M.: Temporal sequence and unit composition in dream reports from different stages of sleep. Sleep 6 (1983), S. 265–280.

Foulkes, D., Sullivan, B., Kerr, N. H. and Brown, L.: Appropriateness of dream feelings to dreamed situations. Cognition and Emotion 2 (1988), S. 29–39.

Foulkes, D. and Vogel, G.: Mental activity at sleep onset. Journal of Abnormal Psychology 70 (1965), S. 231–243.

Hartmann, E.: The nightmare. The psychology and biology of terrifying dreams. Basic Books New York (1984).

Kerr, N., Foulkes, D. and Schmidt, M.: The structure of laboratory dream reports in blind and sighted subjects. Journal of Nervous and Mental Disease 170 (1982), S. 286–294.

Kramer, M., Whitman, R. M., Baldridge, B. J. and Lansky, L. M.: Patterns of dreaming: The interrelationship of the dreams of a night. Journal of Nervous and Mental Disease 139 (1964), S. 426–439.

LaBerge, S.: Lucid dreaming: Evidence and methodology. Behavioral and Brain Sciences 23 (2000), S. 962–963.

Monroe, L. J., Rechtschaffen, A., Foulkes, D. and Jensen, J.: Discriminability of REM and NREM reports. Journal of Personality and Social Psychology 2 (1965), S. 456–460.

Rechtschaffen, A.: The single-mindedness and isolation of dreams. Sleep 1 (1978), S. 97–109.

Rechtschaffen, A. and Buchignani, C.: Visual dimensions and correlates of dream images. Sleep Research 12 (1983), S. 189.

Snyder, F.: The phenomenology of dreaming. In H. Madow and C. Snow (Eds.). The psychodynamic implication of the physiological studies on dreams (S. 124–151). Charles C. Thomas Springfield, Illinois (1970).

Vogel, G., Foulkes, D. and Trosman, H.: Ego functions and dreaming during sleep onset. Archives of General Psychiatry 14 (1966), S. 238–248.

TRAUMBEEINFLUSSUNG

Cartwright, R. D.: The influence of a conscious wish on dreams: A methodological study of dream meaning and function. Journal of Abnormal Psychology 83 (1974), S. 387–393.

Hall, C.: Experimente zur telepathischen Beeinflussung von Träumen. Zeitschrift für Parapsychologie und Grenzgebiete der Psychologie 10 (1967), S. 18–47.

Roffwarg, H. P., Herman, J. H., Bowe-Anders, C. and Tauber, E. S.: The effects of sustained alterations of waking visual input on dream content. A preliminary report. In: A. M. Arkin, J. S. Antrobus and S. J. Ellman (Eds.). The mind in sleep: Psychology and Psychophysiology (S. 295–349). Lawrence Erlbaum Hillsdale, New Jersey (1978).

Saredi, R., Baylor, G. W., Meier, B. and Strauch, I.: Current concerns and REM-dreams: A laboratory study on dream incubation. Dreaming 7 (1997), S. 195–208.

GESCHLECHTS- ALTERS- UND INDIVIDUELLE UNTERSCHIEDE IN TRÄUMEN

Foulkes, D.: Children's dreams. Longitudinal studies. John Wiley & Sons. New York (1982).

Foulkes, D.: Children's dreaming and the development of consciousness. Harvard University Press Cambridge (1999).

Hall, C. S.: A ubiquitous sex difference in dreams revisited. Journal of Personality and Social Psychology 46 (1984), S. 1109–1117.

Hall, C. S., Domhoff, G. W., Blick, K. A. and Weesner, K. E.: The dreams of college men and women in 1950 and 1980: A comparison of dream contents and sex differences. Sleep 5 (1982), S. 188–194.

# Literaturhinweise

Kramer, M., Kinney, M. A. and Scharf, M.: Sex differences in dreams. The Psychiatric Journal of the University of Ottawa 8 (1983), S. 1–4.

Riemann, D., Löw, H., Schredl, M., Wiegand, M., Dippel, B. und Berger, M.: Traum und Depression. Experimentelle Untersuchungen zu Traumerinnerung und Trauminhalt depressiv erkrankter Patienten. TW Neurologie und Psychiatrie 4 (1990), S. 531–543.

Schredl, M., Loßnitzer, T. und Vetter, S.: Is the ration of male and female dream characters related to the waking-life pattern of social contacts? Perceptual and Motor Skills 87 (1998), 513–514.

Schredl, M., Schäfer, G., Weber, B. and Heuser, I.: Dreaming and insomnia: Dream recall and dream content of patients with insomnia. Journal of Sleep Research 7 (1998), 191–198.

Strauch, I.: Träume im Übergang von der Kindheit ins Jugendalter. Ergebnisse einer Langzeitstudie. Huber Verlag Bern (2004).

Strauch, I.: Träume im Alter. In B. Boothe und B. Ugolini (Hg.): Lebenshorizont Alter. (S. 171–187). vdf Hochschulverlag AG an der ETH Zürich (2003).

## PSYCHOPHYSIOLOGIE DES TRÄUMENS

Kuhlo, W. und Lehmann, D.: Das Einschlaferleben und seine neurophysiologischen Korrelate. Archiv für Psychiatrie und Zeitschrift für die gesamte Neurologie 205 (1964), S. 687–716.

Shimizu, A. and Inoue, T.: Dreamed speech and speech muscle activity. Psychophysiology 23 (1986), S. 210–214.

Roffwarg, H. P., Dement, W. C., Muzio, J. N. and Fisher, C.: Dream imagery: Relationship to rapid eye movements of sleep. Archives of General Psychiatry 7 (1962), S. 235–258.

## TRAUMDEUTUNG IM ÜBERBLICK

Artemidor von Daldis: Traumbuch. Schwabe & Co Basel (1965).

Boss, M.: Der Traum und seine Auslegung. Huber Verlag Bern (1953).

Bossard, R.: Traumpsychologie. Fischer Verlag Frankfurt (1983).

French, T. M.: The integration of behavior. University of Chicago Press Chicago (1954).

Freud, S.: Die Traumdeutung. Fischer Verlag Frankfurt (1961) (Original erschienen 1900).

Hall, C. S.: The meaning of dreams. Harper Press New York (1953).

Jung, C. G.: Über die Energetik der Seele. Psychologische Abhandlungen, Bd. II. Rascher Verlag Zürich (1928).

Silberer, H.: Der Traum. Enke Verlag Stuttgart (1919).

## NEUE THEORIEN ZUR FUNKTION DES TRÄUMENS

Hobson, J. A.: The dreaming brain. Basic Books New York (1988).

Koukkou, M. and Lehmann, D.: A model of dreaming and its functional significance: The state-shift hypothesis. In A. Moffitt, M. Kramer and R. Hoffmann (Eds.): The functions of dreaming. (S. 51–118). State University of New York Press Albany (1993).

Solms, M.: The neuropsychology of dreams. A clinico-anatomical study. Lawrence Erlbaum Associates Publishers Mahwah, New Jersey (1997).

*Herzlich danke ich Hilde Schneider-Schmugge und Ludwig Schmugge für die sorgsame und kritische Durchsicht des Manuskripts.*

Abbildungsnachweis: Abb. 1 aus: M. E. Wittmer-Butsch: Zur Bedeutung von Schlaf und Traum im Mittelalter. Medium Aevum Quotidianum. Sonderband I (1990). Krems.